Neuseeland

von Gerda Rob

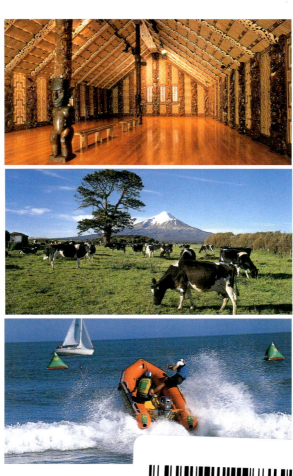

☐ Intro

Neuseeland Impressionen   6

Kleinod im Stillen Ozean

**Geschichte, Kunst, Kultur
im Überblick**   12

Von Maori und Missionaren,
Seefahrern und Schafzüchtern

☐ Unterwegs

**Auckland und der Hauraki Gulf –
Zauber einer Weltstadt am Wasser**   18

- **1** Auckland 18
  Downtown 21
  Kunst und Natur 23
  Parnell und der Osten 24
  Mission Bay 25
  Coast to coast walkway 26
  Superbe Strände 27
- **2** Hauraki Gulf 29
  Rangitoto und Motutapu Island 29
  Waiheke Island 30
  Great Barrier Island 30

**Northland – idyllische Buchten
und Strände**   33

- **3** Warkworth und Kawau Island 33
- **4** Whangarei 34
  Whangarei Heads 35
  Tutukaka Coast 35
  Poor Knights Islands 35
- **5** Bay of Islands 35
  Paihia 36
  Russell 36
  Kerikeri 37
- **6** Waitangi National Reserve 38
- **7** Whangaroa Harbour 39
- **8** Waipoua Kauri Forest 40
- **9** Kaitaia und Ninety Mile Beach 40
- **10** Cape Reinga 41

**Coromandel Peninsula und Eastland –
Küste der aufgehenden Sonne**   43

- **11** Thames 43
  Kauaeranga Valley 43
- **12** Coromandel 44
  Coromandel Coastal Walkway 44
- **13** Whitianga 45
  Cooks Beach – Hahei Beach –
  Cathedral Cove – Hot Water Beach
- **14** Tauranga 46
  Mount Maunganui 47
  Te Puke 48
  Kiwi 360 48

| 15 | Whakatane 48
White Island 49
| 16 | Opotiki und East Cape 50
Tikitiki 51
| 17 | Gisborne 52

Zentrum der Nordinsel – Wunderland aus Dampf und Feuer 55

| 18 | Rotorua 55
Whakarewarewa 56
Ngongotaha 57
Hell's Gate Geothermal Reserve 57
| 19 | Te Wairoa 59
Mount Tarawera 59
Waimangu Volcanic Valley 60
| 20 | Waiotapu 60
| 21 | Taupo 61
Huka Falls 62
Wairakei Geothermal Power Station 62
| 22 | Tongariro National Park 62
| 23 | Napier 65
Te Uruwera National Park 66
| 24 | Hastings 66
Cape Kidnappers 67

Vom Waikato nach Wellington – King Country der Maori und Kapitale im Aufbruch 69

| 25 | Hamilton 69
National Agriculture Heritage 70
| 26 | Waitomo Caves 70
| 27 | New Plymouth 71
| 28 | Mount Taranaki 72
| 29 | Wanganui 73
Whanganui National Park 74
| 30 | Palmerston North 74
Kapiti Island 75
| 31 | Wellington 77
Architektenträume 79
Queens Wharf und Lambton Quay 80
Parliament Area 81
Strände, Buchten, Robben 82

Marlborough Sounds und Tasman Bay – Wasserlabyrinth und grünes Bergland 85

| 32 | Picton 85
| 33 | Havelock 86
D'Urville Island 87
| 34 | Nelson 87
Nelson Lakes National Park 89
| 35 | Abel Tasman National Park 89
Kahurangi National Park – Cobb Valley – Pupu Springs – Golden Bay
| 36 | Collingwood und Farewell Spit 91

West Coast – Regenwald mit Gletschereis 93

- **37** Westport 93
  Cape Foulwind 93
- **38** Paparoa National Park 94
- **39** Greymouth 95
  Lake Brunner 95
  Shantytown 95
- **40** Arthur's Pass National Park 96
- **41** Hokitika 96
  Ross 97
- **42** Okarito 98
- **43** Westland National Park 98
  Franz Josef Glacier 99
  Fox Glacier 99
  Lake Matheson 100
- **44** Haast 100

Southland – gewaltige Seen, einsame Fjorde 101

- **45** Wanaka 101
  Mount Aspiring National Park 101
- **46** Queenstown 102
  Coronet Peak 104
  Glenorchy 104
- **47** Fiordland National Park 105
- **48** Milford Sound 107
- **49** Manapouri 108
  Doubtful Sound 108
- **50** Invercargill 109
  Bluff 110
  Catlins Coast 110
- **51** Stewart Island 111

Pazifikküste der Südinsel – Wale, Wildnis, Weinland 112

- **52** Dunedin 112
  Otago Peninsula 115
- **53** Oamaru 115
  Moeraki Boulders 116
- **54** Christchurch 116
  Lyttelton Harbour 119
  Banks Peninsula 120
- **55** Aoraki/Mount Cook National Park 121
- **56** Kaikoura 122
- **57** Blenheim 123

Neuseeland Kaleidoskop

Entdeckerträume werden wahr 31
Wie ein sprießender Farn 36
Aotearoa spezial 42
Kiwis wohin man schaut 48
Kinder des Meeres 51
Eine Stimme geht um die Welt 53
So weit die Füße tragen 63
Don Juan der Maorilegenden 73
Spaßmacher und Possenreißer 98
Sondermodelle von Mutter Natur 102

Wandelnde Wolle 120
Very british – Erbe der Kolonialzeit 129

Karten und Pläne

Neuseeland North Island
 vordere Umschlagklappe
Neuseeland South Island
 hintere Umschlagklappe
Auckland 19 und 20/21
Wellington 76/77
Queenstown 103
Dunedin 113
Christchurch 118

☐ Service

Neuseeland aktuell A bis Z   125

Vor Reiseantritt 125
Allgemeine Informationen 125
Anreise 127
Bank, Post, Telefon 127
Einkaufen 128
Essen und Trinken 128
Feste und Feiern 129
Klima und Reisezeit 131
Kultur live 131
Nachtleben 132
Nationalparks 132
Sport 132
Statistik 133
Unterkunft 134
Verkehrsmittel im Land 135

Sprachführer   136

Englisch für die Reise

Register   141

Liste der lieferbaren Titel 140
Impressum 143
Bildnachweis 143

Leserforum

Die Meinung unserer Leserinnen und Leser ist wichtig, daher freuen wir uns von Ihnen zu hören. Wenn Ihnen dieser Reiseführer gefällt, wenn Sie Hinweise zu den Inhalten haben – Ergänzungs- und Verbesserungsvorschläge, Tipps und Korrekturen – dann kontaktieren Sie uns bitte:

**Redaktion ADAC Reiseführer
ADAC Verlag GmbH
Am Westpark 8, 81365 München
Tel. 089/76 76 41 59**
verlag@adac.de
www.adac.de/reisefuehrer

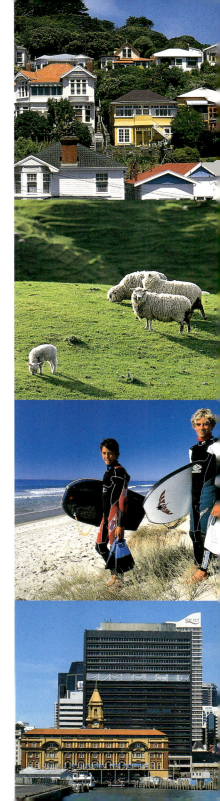

Neuseeland Impressionen
Kleinod im Stillen Ozean

Verschwenderisch schüttete die Natur ihr Füllhorn über Neuseeland aus. Sie brachte Dünen und Gletscher hervor, Halbwüsten und Wasserfälle, Vulkane und eiskalte Seen, kochende Geysire und kühle Fjorde, moosbärtige Urwälder und liebliche Schafweiden, türkisgrüne, sanfte Buchten und tiefe, wilde Canyons. Faszinierende **Landschaften** prägen den lange isolierten Inselstaat zwischen Äquator und Antarktis.

auf den mythischen Halbgott Maui zurück. Sein Kanu *Te Wai Pounamu* gab der Südinsel den Namen, sein Bootsanker *Te Punga o te Waka a Maui* wurde zu Stewart Island und ›der große Fisch‹ *Te Ika a Maui*, den er mit seiner Zauberangel aus dem Meer zog, bezeichnet die Nordinsel.

Te Ika a Maui – die Nordinsel
Farben und Naturphänomene führen *North Island* ein: Saharagelben Sand setzt

Inseln im Pazifik
Neuseeland, in der bildhaften Sprache der polynesischen Ureinwohner **Aotearoa**, ›das Land der langen, weißen Wolke‹, wo die Sonne mittags im Norden ihren Höchststand erreicht und nachts die Sternbilder vermeintlich auf dem Kopf stehen, liegt 23 000 km von Mitteleuropa entfernt. Wen Fernweh auf die gegenüberliegende Seite des Erdballs lockt, der findet in Neuseeland drei, durch die hochwogenden Meeresstraßen **Cook Strait** und **Foveaux Strait** getrennte Inseln. Ihre Maorinamen gehen

Oben: *An den geschnitzten Beschützern auf dem Giebel des Marae von Whakarewarewa kommen keine bösen Geister vorbei*
Rechts oben: *Wilder Spaß – Jetboat auf dem Shotover River bei Queenstown*
Rechts: *Blick auf den erhabenen Mount Taranaki vom Lake Mangamahoe aus*

der **Ninety Mile Beach**, der die schmale, subtropische Landzunge im Nordwesten rahmt, der jadefarbenen *Tasman Sea* entgegen. Blaugrüne Mangrovenwälder beschatten verträumte helle Ostküstenstrände an der **Bay of Islands**. Rosa Hibiskus-, gelbe Kowhai- und karmesinrote Pohutakawablüten der neuseeländischen Weihnachtsbäume säumen die Buchten des **Hauraki Gulf** vor den Toren der aufstrebenden Großstadt Auckland. Südöstlich davon führt *White Island* in der **Bay of Plenty**, die stets in weiße Dampfschwaden gehüllt ist, jene Kette von schlafenden und aktiven **Vulkanen** auf der Insel an, die von den Kratern des Ngauruhoe (2291 m) über Tongariro (1967 m) und Ruapehu (2797 m) weiter nach Südwesten bis zum Mount Taranaki (2518 m) eine Feuerlinie bilden.

Im Inselinneren drängen um die Seen von **Rotorua** und **Taupo** Urgewalten aus der Tiefe an die Oberfläche. Heiße Erde und stiebender Dampf, aufbrausende Geysire, blubbernde Schlammtöpfe, kochende Seen, orangerote Wasserfälle und Terrassen aus in allen Regenbogenfarben schillernder Kieselerde lassen – von sicheren Wanderpfaden aus – tief in die Geheimnisse der Natur blicken.

Grüne Städte

Beide großstädtischen Metropolen Neuseelands finden sich auf der Nordinsel: das segelbegeisterte **Auckland**, das sich stolz als *City of Sails* bezeichnet, und das

etwas gesetztere, windgeplagte **Wellington**, *Windy City*, Inselhauptstadt und Museumshochburg in einem. Beide beziehen ihren Charme aus der wunderschönen Lage zwischen langen Wasserfronten und den mal sanften, mal schroffen Hügelketten, an die sie sich schmiegen. Vom europäischen Standpunkt aus betrachtet sind die im 19. Jh. entstandenen Städte, in denen heute fast die Hälfte aller Neuseeländer lebt, jung. Es sind dynamische Orte, in denen die Reste pompöser Kolonialarchitektur in jüngster Zeit mit progressiven, Aufsehen erregenden Bauformen konkurrieren.

Southern Alps und die herbwilde **West Coast** über.

Die Nation, die ihre schönsten und ursprünglichsten Landschaften in 14 großen *National Parks*, fünf *Maritime Parks* und zwanzig *Forest Parks* unter Schutz gestellt hat, fand vor allem auf der dünn besiedelten Südinsel einen idealen Naturraum. Die Städte **Christchurch** und **Dunedin** drängen sich an die Ostküste, doch gerade die Westküste gilt in den Augen der Neuseeländer als das ›schöns-

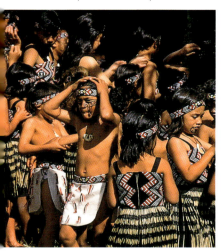

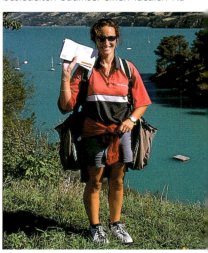

Te Wai Pounamu – die Südinsel

Azurblaue Fjorde, Höhenrücken wie mit grünem Samt überzogen und größtenteils wenig bekannte Inseln, Bilder wie diese charakterisieren die **Marlborough Sounds** im Norden der South Island. Südwärts geht die heitere, beschwingte Landschaft, wo in der Wairau-Ebene bei Blenheim die Trauben vor Saft beinahe platzen, in die einsamen Eisregionen der

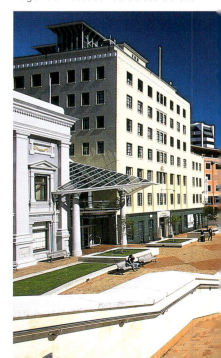

Oben links: *Lampenfieber vor dem Auftritt beim Ruatahune Maori Cultural Festival*
Oben Mitte links: *Wanderlust in der Umgebung von Lyttelton Harbour, Christchurch*
Oben Mitte rechts: *Traditionsbewusstsein steht diesem Maori ins Gesicht geschrieben*
Oben rechts: *Schicksal – beim Round-up kommt kein Schaf ungeschoren davon*
Rechts: *Innovation – rings um das Civic Centre zeigt Wellington moderne Architektur*

te Ende der Welt«. Hier steigen an der Paparoa-Küste die unglaublichen Felsformationen der **Pancake Rocks** aus der oft rauen Tasman Sea. In Eis erstarrte, glitzernde, teils unbegangene Dreitausender gipfeln im 3746 m hohen *Mount Cook* und schieben im **Westland National Park** die gewaltigen Gletscherzungen des *Franz Josef* und *Fox Glacier* weit in subtropische Tieflandregenwälder vor. Die einsame, in ihrer Verknüpfung von fahlblauem Gletschereis und immergrünem Wald grandiose Landschaft bereitet auf die menschenleere Wildnis des **Fiordland National Parks** im Südwesten der Südinsel vor. Westlich der großen Seen *Lake Manapouri* und *Lake Te Anau* beginnt das Reich der Urwälder, der steilen, von tiefen Schluchten durchschnittenen Felsberge mit ihren unergründeten labyrinthischen Höhlen. Glasklare Seen wetteifern mit tiefstürzenden Wasserfällen und großartigen, bis 40 km weit ins Land eindringenden Fjorden. Längst haben Farne, Moose und Flechten die urtümlichen Baumdickichte überwuchert und kontrastieren lediglich an der schwer zugänglichen Meeresküste zu bizarren abgeschliffenen Felsen. In der Region der **Tracks** und **Great Walks**, mehrtägiger Wanderwege, sind nur *Milford* und *Doubtful Sound* über den Ort Te Anau per Auto erreichbar.

Te Punga o te Waka a Maui – Stewart Island

Auf **Stewart Island** an der Südspitze Neuseelands, wo Kiwis, Papageien und Pinguine leben, enden scheinbar alle Wege. Die Erkundung der fast unberührten Landschaft bleibt geübten, ausdauernden **Wanderern** vorbehalten. Dabei besitzt das einsame Eiland seinen eigenen Charme, worauf nicht zuletzt sein zweiter Maoriname **Rakiura** hinweist, der ›Land der glühenden Himmel‹ bedeutet. Er bezieht sich auf das hier mitunter sichtbare Südpolarlicht, und es sind geradezu magische Nächte, in denen **Aurora australis** zu beobachten ist.

Te Ao Maori – die Welt der Maori

Polynesische Stämme entdeckten die Inseln wohl um 700 n. Chr. Fast ein Jahrtausend lang lebten sie in völliger Isolation, verehrten die Götter und Halbgötter ihrer fantasiereichen Mythologie, bauten Pa genannte Befestigungsanlagen, trugen heftige Stammesfehden aus, versklavten die besiegten Feinde oder aßen sie, um sich ihre Kraft, ihr **Mana** anzueignen. Sie fischten, sammelten Jade, bauten Süßkartoffeln an und erwiesen sich als überaus begabte Schnitzkünstler. Da sie keine Schrift kannten, muss man ihre Geschichte, die auf der bisher unidentifizierten Heimatinsel Hawaiki begann, aus den Legenden und Überlieferungen herausschälen.

Als die ersten Europäer, 1642 Abel Janszoon Tasman und 1769 James Cook, das Land entdeckten, überzog polynesische Kultur mit fest gefügten Lebensmaximen und einem bedeutenden Ahnenkult beide Inseln. Namen wie **Maori**, die Normalen, und **Pakeha**, Fremde, für die weißen Immigranten, wurden erst bei der Ankunft der großteils britischen Siedler im 19. Jh. eingeführt. Heute staunen Besucher über die prachtvoll geschnitzten **Marae**, Versammlungshäuser der Maori, die gewebten Flachswandteppiche und überaus kunstvolle Arbeiten aus Holz, Knochen und Jade. Die schönsten Stücke in den Museen des Landes sind polynesische Artefakte.

Freiräume und Abenteuer

Neuseeland fordert seine jährlich rund 2 Mio. Besucher auf, am Leben im Rhythmus mit der Natur teilzunehmen, nicht nur eine passive Gastrolle zu spielen: **Outdoor** ist das Motto der Inseln. 10 000 km Küste erlauben jegliche Art von *Wassersport*. Hier gibt es in den tiefen Buchten wunderbare Segelreviere, herrliche Tauchgründe, hohe Surfwellen oder sanfte Dünung und immer wieder gewaltige

Oben: *Ausflug auf den Franz Josef Glacier*
Unten: *Traumbucht – ein Blick aus der Cathedral Cove zeigt den perfekten Strand*
Rechts oben: *Pounamu-Maori tanzen vor dem Hotunui Marae im Auckland Museum*
Rechts unten: *Magische Momente an den Ufern des Champagne Pool bei Waiotapu*

Horizonte in unglaublichen Lichtspielen der Sonne.

Wanderer und *Trekker* erwartet in den National Parks ein kaum enden wollendes Netz von markierten Wegen. Sie erleben Berghüttenromantik, frische Nächte unter dem *Kreuz des Südens*, spektakuläre Landschaften und in der ersten Sonne rosa leuchtende Berggipfel, die für Regenfluten oder für die allgegenwärtigen Plagegeister in Form von *Sandflies* reichlich entschädigen.

Wer **Herausforderungen** sucht, findet vielfältigste Angebote: stille *Kajaktouren* in der sanften Dünung der Fjorde oder rasante *Schlauchbootfahrten* in tosenden Schluchten. *White Water Sledging* mit gestiefelten Füßen auf Minisurfbrettern durch reißende Tobel oder *Rap Jumping* von einem Wolkenkratzer in Auckland. Man kann in Luftkissenkugeln die steilsten Vulkanhänge hinunterrollen oder in der Unterwelt von Glühwürmchenhöhlen Rafting betreiben. Fast alles ist in Aotearoa möglich.

Der Reiseführer

Dieser Band präsentiert die schönsten Städte und die spektakulärsten Landschaften Neuseelands in *neun Kapiteln*. Auf besondere Höhepunkte bei Sehenswürdigkeiten, touristischen Attraktionen, Hotels und Restaurants verweisen die **Top Tipps**. Detaillierte **Übersichtskarten** und **Stadtpläne** erleichtern die Orientierung. Den Besichtigungspunkten sind jeweils **Praktische Hinweise** mit Informationsbüros, Hotel- und Restaurantempfehlungen etc. angegliedert. Auf den letzten Seiten informiert **Neuseeland aktuell A bis Z** über Anreise, Essen und Trinken, Feste und Feiern, Sport, Verkehrsmittel im Land etc. Hinzu kommt ein umfassender **Sprachführer**. Im Rahmen des **Kaleidoskops** runden Kurzessays zu speziellen Themen Neuseelands den Reiseführer ab.

Geschichte, Kunst, Kultur im Überblick
Von Maori und Missionaren, Seefahrern und Schafzüchtern

vor ca. 80 Mio. Jahren Flora und Fauna entwickeln sich auf den isolierten vulkanischen Inseln unabhängig von der im restlichen pazifischen Raum.

700–750 n. Chr. Pazifikinsulaner besiedeln erstmals Neuseelands Küsten. Sie ernähren sich von Fischfang und der Jagd nach dem flugunfähigen Großvogel Moa.

um 925 Nach den teils legendenhaften Überlieferungen der Maori entdeckt ihr Ahne Kupe den neuseeländischen Archipel. Kupes Frau nennt ihn Aotearoa, ›Land der langen weißen Wolke‹. Die beiden kehren zu ihrer bisher nicht identifizierten Heimatinsel Hawaiki zurück und berichten von dem neuen Land.

1000–1300 Polynesische Familienverbände aus Hawaiki treffen in mehreren kleinen Migrationswellen auf Neuseeland ein. Sie sind die Vorfahren der später so genannten Maori.

1350–1450 Der Hauptstrom polynesischer Einwanderer erreicht Neuseeland in großen, 30 m langen Doppelrumpfkanus. Die Neuankömmlinge besiedeln die Ostküsten der Nord- und Südinsel, organisieren sich in Stammesverbänden und unterwerfen die archaischen Moa-Jäger. Die wahrscheinlich als Proviant mitgebrachte Süßkartoffel (Kumara) wird systematisch angebaut, Obsidian und Greenstone (Nephritjade) dienen als Material für Arbeitsgeräte und Waffen. Über beide Inseln verbreiten sich polynesische Kultur und animistische Religion.

1500–1700 Stammeskämpfe führen zum Bau befestigter Siedlungen, Pa genannt. Die Häuser gruppieren sich um ein reich verziertes Versammlungshaus und werden durch terrassenförmig angeordnete Palisadenreihen geschützt.

1642 Am 13. Dezember sichtet der niederländische Seefahrer Abel Janszoon Tasman als vermutlich erster Europäer die Westküste der neuseeländischen Südinsel. Obwohl er das Land nicht betritt, da die Eingeborenen mehrere seiner Matrosen töten, gilt er als europäischer Entdecker der Inseln. Der von ihm verliehene Name Staten Landt wird 1643 nach der niederländischen Provinz Seeland in Nieuw Zeeland geändert.

1769/70 Mit dem Schiff Endeavour umsegelt der Brite James Cook Neuseeland und entdeckt jene später nach ihm benannte Meeresstraße zwischen Nord- und Südinsel. Am 9. Oktober 1769 landet er an der Ostküste der Nordinsel nahe des heutigen Gisborne, wenige Tage später hisst er am Strand von Mercury Bay den

Zeitgenössische Darstellung der ersten Begegnung zwischen Maori und Pakeha unter Kapitän Abel Janszoon Tasman 1642, bei der vier europäische Seeleute zu Tode kamen

Die Tätowierungen weisen ihren Träger als Häuptling der Maori aus (um 1905)

Union Jack und nimmt das Land für die englische Krone in Besitz.

1792 Aus dem australischen New South Wales treffen erste Robbenjäger und Walfänger an den Küsten der Südinsel und in der Bay of Islands an der Ostküste der Nordinsel ein. Durch Tauschhandel gelangen Feuerwaffen in die Hände der Ureinwohner und werden in Kriegen rivalisierender Stämme eingesetzt.

1800–10 Walfänger und Holzfäller gründen an der Bay of Islands Kororareka, das spätere Russell. Das Dorf gilt als erster Hauptort New Zealands. Heute gebräuchliche Begriffe wie Maori für die Einheimischen und Pakeha für die weißen Immigranten setzen sich durch.

1814 Christliche Missionare treffen in der Bay of Islands ein, unter ihnen Samuel Marsden und der skandalumwitterte, jedoch völkerkundlich interessierte Thomas Kendall. Sie übersetzen die Bibel in die Sprache der Eingeborenen, lehren Ackerbau und Viehzucht, können jedoch anfangs nur Wenige bekehren.

1817 Britisches Recht wird auf Neuseeland ausgedehnt, dort jedoch nur bedingt respektiert, zumal die Einhaltung der Gesetze vom 2000 km entfernten australischen Sydney aus überwacht wird.

1820 Hongi Hika, Maorihäuptling vom Stamm der Ngapuhi, reist nach England und wird König George IV. vorgestellt. Auf dem Rückweg tauscht er die in London erhaltenen Gastgeschenke in Australien gegen Musketen, die er – nach Neuseeland heimgekehrt – in räuberischen Blitzkriegen gegen die Nachbarstämme der Nordinsel einsetzt.

1830 Einwandernde Farmer importieren die ersten Merinos aus dem australischen New South Wales. Die zähe Schafrasse bildet die Grundlage für den später so einträglichen Wollexport.

1838 Die Gründung der New Zealand Company in London soll eine systematische Kolonialisierung Neuseelands gewährleisten. Edward Gibbon Wakefield, Mitbegründer der Company, lässt durch Agenten große Ländereien von Maorihäuptlingen erwerben. Viele dieser Käufe sind das Ergebnis von Übertölpelung oder Missverständnissen und daher nach einheimischem Stammesrecht ungültig. Es kommt zu blutigen Zusammenstössen zwischen Pakeha und Maori.

1839 Britanniens Regierung beauftragt den Marineoffizier William Hobson, mit den Maori über eine Abtretung ihrer Souveränität zu verhandeln.

1840 Am 6. Februar unterzeichnen 46 Häuptlinge den von William Hobson übereilt aufgesetzten und von Missionar Henry Williams teilweise fehlerhaft in die Sprache der Maori übersetzten Treaty of Waitangi, der als Gründungsurkunde des neuseeländischen Staates gilt. In diesem Vertrag treten die unterzeichnenden Maorihäuptlinge ihre Souveränität und Herrschaftsansprüche an die britische Krone ab. Im Gegenzug erhalten die Ureinwohner den Status von gleichberechtigten britischen Staatsbürgern. Einen Schutz vor landgierigen weißen Siedlern soll die enthaltene Klausel bieten, dass Maoriland in Zukunft nur noch an die britische Regierung verkauft werden darf. Formal korrekt wird Neuseeland britische Kolonie, William Hobson erster Gouverneur.

1840–43 Fast 20 000 europäische, überwiegend britische Siedler strömen innerhalb von drei Jahren ins Land. Sie gründen 1840 Wellington und Wanganui, 1841 New Plymouth und 1842 Nelson.

1841 Auckland wird Hauptstadt der neuen britischen Kolonie.

1843 Auf der Nordinsel eskaliert ein Streit wegen

Die Erforschung von Radioaktivität und Kernphysik interessierte Ernest Rutherford

Pioniergeist – Neuseelands Frauen erstritten 1893 als weltweit erste das Wahlrecht

eines rechtlich bedenklichen Landerwerbs durch weiße Siedler im Wairau-Tal zum ersten bewaffneten Kampf zwischen Siedlern und Maori. Das Ereignis wurde als Wairau Massacre bekannt.

1852 Im New Zealand Constitution Act gesteht Großbritannien der Kronkolonie Neuseeland eine begrenzte Selbstständigkeit und das Recht auf Selbstverwaltung zu.

1855–58 Um dem Druck weißer Siedler besser standhalten zu können, verbünden sich die Maoristämme im Zentrum der Nordinsel zur Königsbewegung, Maorikingitanga. Sie wählen Häuptling Te Whero-Whero zu ihrem König Potatau I., was die Engländer als beleidigenden Affront empfinden.

1860 Wegen strittiger Eigentumsansprüche brechen auf der Nordinsel in den Regionen Taranaki und Waikato die sog. Landkriege zwischen Maori und Pakeha aus, die bis zum offiziellen Friedensschluss 1880 immer wieder aufflackern. Die zahlen- und waffenmäßig überlegenen Regierungstruppen töten beinahe die Hälfte der Maoribevölkerung.

1861 Der tasmanische Prospektor Gabriel Read findet in der Wildnis von Zentral-Otago Gold. Ein zehn Jahre dauernder Goldrush auf die Westküste der Südinsel beginnt.

1865 Wegen seiner zentralen Lage und der Nähe zur reich gewordenen Südinsel wird Wellington zur neuen Hauptstadt bestimmt. Etwa um diese Zeit erreichen die Überfälle und Attacken der Hau-Hau im Norden ihren Höhepunkt. Es handelt sich um religiös motivierte Maori, die in dem Glauben, unverwundbar und ein auserwähltes Volk zu sein, ihr Land mit Waffengewalt verteidigen bzw. zurückerobern wollen. Regierungstruppen schlagen die Erhebung schließlich nieder.

1871 In dem kleinen Ort Spring Grove bei Nelson kommt am 30. August der spätere Nobelpreisträger (1908 für Chemie) und ›Vater der Atomphysik‹ genannte Ernest Rutherford zur Welt († 1937).

1872 Die Wolle der Merinoschafe ist wichtigster Exportartikel und macht als solcher 60 % des Volkseinkommens aus.

1880 Durch den Verfall der Wollpreise an der Londoner Börse gerät Neuseeland in eine schwere wirtschaftliche Krise. Viele Farmer und Schafzüchter wandern nach Australien aus.

1881 Te Whiti o Rongomai (ca. 1830–1907), der Führer des gewaltlosen Maoriwiderstandes gegen weitere Landnahme der Weißen, wird verhaftet und zwei Jahre lang ohne Gerichtsverhandlung festgehalten. Soldaten zerstören die von ihm initiierte musterhafte Siedlung am Mount Taranaki auf der Nordinsel.

1882 Das erste Kühlschiff, der Dreimastsegler Dunedin, ermöglicht Fleischexporte nach England.

1887 Häuptling Te Heu Heu Tukino schenkt dem Staat die den Maori heiligen Berge Tongariro, Ngauruhoe und Ruapehu, verlangt aber, sie als ersten Nationalpark des Landes unter Schutz zu stellen. Noch im selben Jahr wird in der Region der 750 km² umfassende Tongariro National Park ausgewiesen.

1888 Am 14. Oktober wird in Wellington Kathleen Mansfield Beauchamp geboren, die im Laufe ihres kurzen Lebens als Schriftstellerin unter dem Namen Katherine Mansfield Berühmtheit erlangt († 1932). In Auckland öffnet mit der City Art Gallery die erste Kunstgalerie des Landes.

1893 Neuseeland gesteht seinen Frauen als erstes Land der Welt das aktive Wahlrecht zu.

1898 Das Parlament beschließt eine staatliche Grundrente für alte bedürftige Menschen.

1901 Von den 816 000 Einwohnern des Landes sind nur mehr 40 000 Maori. Die Ureinwohner werden zur Randgruppe.

1907 Die Kronkolonie Neuseeland erhält den Status eines Dominion (Gliedstaat im britischen Empire) mit relativer Selbstständigkeit. Damit endet die Kolonialzeit.

1914–18 100 000 Neuseeländer kämpfen im Ersten Weltkrieg für das britische Mutterland.

1920–30 Exporteinbrüche und der Verfall der Weltmarktpreise für Agrargüter verursachen eine schwere wirtschaftliche Depression.

1931 Neuseeland wird Mitglied im Commonwealth of Nations. Die Stadt Napier fällt einem Erdbeben zum Opfer.

1939–45 140 000 neuseeländische Soldaten nehmen an der Seite Englands am Zweiten Weltkrieg teil.

1947 Neuseeland wird unabhängig. Die britische Königin, vertreten durch einen Generalgouverneur, bleibt Staatsoberhaupt.

1953 Der 1919 in Auckland geborene Edmund Hillary und sein nepalesischer Gefährte Tenzing Norgay besteigen erstmals den Mount Everest.

ab 1970 Eine Renaissance der Maorikultur führt zu wachsendem Interesse an Sprache, Kunst und Kunsthandwerk der Ureinwohner. Es entstehen neue Marae, mit Schnitzereien üppig verzierte traditionelle Versammlungshäuser.

1973 Durch den Beitritt Großbritanniens zur Europäischen Gemeinschaft verliert Neuseelands Landwirtschaft den wichtigsten Absatzmarkt.

1975 Im Rahmen der neuseeländischen Bürgerrechtsbewegung führt die charismatische, 1991 geadelte Dame Whina Cooper († 1994) den Maori Land March von Northland nach Wellington durch. Das u. a. daraufhin von der Regierung eingesetzte Waitangi Tribunal soll Landansprüche der Maori aufgrund unberechtigter Konfiskationen im 19. Jh. prüfen. Neuseeland ist dem Staatsbankrott nahe, denn im Vergleich zu den geringen Einnahmen sind die Ausgaben für Sozialleistungen und Subventionen zu hoch.

1984 Frankreich unternimmt Atomversuche um das Mururoa Atoll im Pazifik. Neuseeland erklärt sich zur atomwaffenfreien Zone.

1985 Agenten des französischen Geheimdienstes Direction Generale de la Securite Exterieure (DGSE) versenken das Greenpeace-Schiff Rainbow Warrior im Hafen von Auckland. Dabei stirbt der Greenpeacefotograf Fernando Pereira.

1987 Maori wird neben Englisch Staatssprache.

1995/96 Der Vulkan Ruapehu (Tongariro National Park, Nordinsel) bricht aus. Schlammlawinen und Aschewolken bedrohen die benachbarten Skipisten.

1998 In Wellington wird das Nationalmuseum Te Papa Tongarewa eröffnet, das in Architektur und Inhalten darauf angelegt ist, Neuseelands vielfältige Kulturen als gleichberechtigt vorzustellen.

2000 Freudentaumel: wie schon 1995 gewinnt das neuseeländische Team erneut die berühmte Hochseeregatta America's Cup.

2002/03 Hollywood entdeckt Neuseelands großartige Natur als perfekte Filmkulisse. Das zieht einen erheblichen Touristenansturm nach sich, vor allem auf die Drehorte der ›Herr der Ringe‹-Trilogie (u. a. Tongariro, Marlborough Sounds).

2006 Nach 40 Jahren ›im Amt‹ stirbt die allseits hoch geachtete Maori-Königin Te Arikinui Dame Te Atairangikaahu (1931–2006). Zu ihrem Nachfolger bestimmt der Maori-Rat der ›Königsmacher‹ ihren ältesten Sohn Tuheitia Paki (* 1955).

2007 Im März und im September bricht der Vulkan Mount Rotorua im Zentrum der Nordinsel aus. Stein- und Schlammlawinen unterbrechen Straßen und Eisenbahnlinien, drei Menschen werden verletzt.

2008 Zunehmende Niederschläge bei gleichbleibenden Temperaturen lassen die neuseeländischen Gletscher anwachsen.

▷ Im Jahr 2000 gewann Neuseeland zum 2. Mal den prestigeträchtigen America's Cup

Inmitten großartiger Schöpfung liegt die Church of the Good Shepherd am Lake Tekapo

Unterwegs

Auckland und der Hauraki Gulf – Zauber einer Weltstadt am Wasser

Sonnig, heiter, kosmopolitisch – **Auckland** besitzt alle Attribute einer modernen **Metropole** und zugleich den Charme einer südpazifischen **Ferienlandschaft**. An der schmalsten Stelle der Nordinsel betten die buchtenreichen Naturhäfen *Waitemata Harbour* und *Manukau Harbour* die seit Mitte des 20. Jh. ungestüm aufgeblühte Stadt (Großraum Auckland-, Manukau-, North Shore- und Waitakere City 1,3 Mio. Einw.) in eine faszinierende **Wasserwelt**. Zu Aucklands Facetten gehören die Waterfront und der Mastenwald von 100 000 Segelbooten, die zum Beinamen **City of Sails**, ›Stadt der Segel‹, führte, polynesische Artefakte im Auckland-Museum oder reizende Holzhäuser in Parnell Village. Weitere Bereicherungen sind die erstaunliche Mischung viktorianischer und moderner Architektur im lebhaften City Centre sowie die Panoramablicke von den umgebenden Vulkanhügeln.

Eine kurze Fährfahrt entfernt beginnt die faszinierende Inselwelt des **Hauraki Gulf**. In einem der schönsten **Segelreviere** des Pazifik bieten smaragdgrüne Inseln traumhafte Ankerplätze vor einsamen Stränden. Mit seinem schlafenden Vulkan beeindruckt *Rangitoto Island*, an *Waihekes* pastellfarbenen Buchten siedeln Künstler und *Great Barrier Island* präsentiert sich als Wanderinsel mit steilwandigen Canyons und dichtem, dunklem Urwald.

1 Auckland *Plan Seite 20/21*

Die größte Stadt Neuseelands ist das kosmopolitische Drehkreuz des Südens.

Längst ist Auckland weit über den von erloschenen Vulkanhügeln gebildeten Isthmus zwischen Südpazifik und Tasman Sea hinausgewachsen: 80 km erstreckt sich die Stadt heute entlang der reich gegliederten Küsten und 60 km landeinwärts bis zu den grünen Vorbergen der Waitakere Range im Westen. Sie hat ihre beiden **Häfen** erst umbaut und dann kühn übersprungen. Seit 1959 überspannt die 1020 m lange *Harbour Bridge*

Ein wahrer Mastenwald charakterisiert die Westhaven Marina von Auckland und belegt, wie treffend der Beiname City of Sails für die Stadt zwischen zwei Häfen gewählt ist

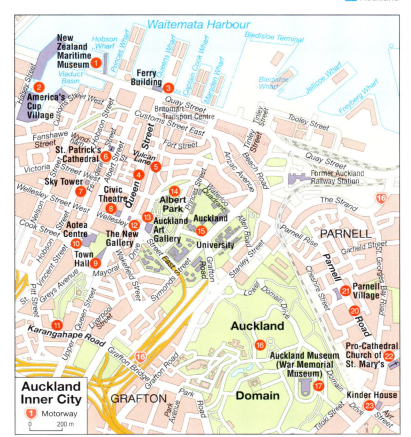

Waitemata Harbour im Nordosten, die etwas kürzere *Mangere Bridge* überwindet eine Engstelle des im Südwesten gelegenen Manukau Harbour.

Von den grasbewachsenen, lange erloschenen **Vulkankegeln** Mount Eden (196 m), Mount Albert (134 m) und One Tree Hill (183 m), die sich aus der unglaubliche 5600 km² umfassenden Stadtlandschaft erheben, ist der Anblick der Metropole zu jeder Tages- und Nachtzeit ein Genuss. Die meisten Sehenswürdigkeiten liegen in dem zu Fuß gut erkundbaren **touristischen Zentrum** zwischen der Quay Street am Waitemata Hafen und dem 1,2 km südlich gelegenen Aotea Square.

Geschichte Die ältesten Maorisiedlungen in der Region um den Hauraki Gulf entstanden um 900 n. Chr. auf einer Insel namens *Matutapu*. Sie wurden jedoch unter Lava und Asche begraben, als im 14. Jh. plötzlich aus dem Meer der Vulkan *Rangitoto* aufstieg, der rund 10 km nordöstlich vor der Küste des modernen Auckland liegt. Die überlebenden Dorfbewohner zogen sich auf den geschützter Isthmus zwischen den heutigen Häfen Waitemata und Manukau zurück. Das Gebiet zeichnete sich durch fruchtbaren Boden aus und bot Zugang zu reichen Fischgründen, weshalb es in der Region ständig zu Stammeskriegen kam. Davon leitet sich auch der Maoriname **Tamaki Makau Rau** ab, was etwa ›Schlacht der tausend Liebenden‹ heißt. Anfang des 18. Jh. kam der Landstrich unter dem Stamm der *Kiwi Tamaki* kurz zur Ruhe. Doch schon nach 1750 zerstörten kriegerische *Ngapuhi* aus dem Norden deren prosperierende Siedlungen, wenig später brachten die *Ngati Whatua* das entvölkerte Land in ihren Besitz.

Als erster Europäer betrat 1820 der anglikanische Missionar *Reverend Samuel*

Auckland

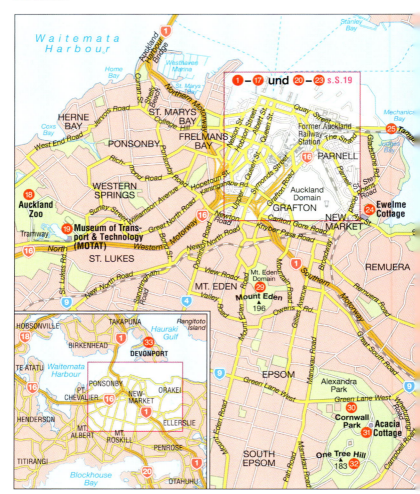

Marsden die Landenge. 20 Jahre später suchte Neuseelands erster Gouverneur **William Hobson** einen Bauplatz für seine neue Hauptstadt. Seine Wahl fiel auf das großteils menschenleere Umland eines winzigen Maoridorfes am verkehrsgünstig gelegenen heutigen Waitemata Harbour. Er tauschte 1300 ha Land gegen Waren im damaligen Wert von 55 englischen Pfund, darunter Kleider und eine Tasse Zucker. Hobson nannte die junge Siedlung nach seinem Freund und ehem. Militärkommandanten George Eden, Earl of Auckland.

Die beiden Schotten **John Logan Campbell** [s. S. 26] und **William Brown** erfassten als erste die geschäftlichen Chancen und richteten in einem Zelt am Hafen einen Gemischtwarenladen für die Versorgung der zu erwartenden Siedler ein. Auckland, seit 1841 **Hauptstadt**, wuchs beständig. Frachtschiffe aus aller Welt schätzten den sicheren Hafen, der **Handel** mit Flachs und Kauriharz florierte. Trotz wirtschaftlich steigender Tendenz verlor Auckland jedoch 1865 den Status der Hauptstadt an Wellington, das näher an den neu entdeckten Goldfeldern der Südinsel lag. Damit begann zwischen den beiden Orten eine mehr oder weniger freundschaftliche **Intercity-Rivalität**, die bis heute besteht.

Das 20. Jh. prägte Auckland durch beständige **Immigration**: nach dem Zweiten Weltkrieg aus Europa und in den letzten Dezennien durch starke Zuwanderung Arbeit suchender Polynesier von den Inseln Fidschi, West-Samoa und Ton-

Auckland

ga. Wie ein Magnet zieht die Millionenstadt – in ihrem Großraum lebt beinahe jeder dritte Neuseeländer – die Menschen an. Die Folge ist **multikulturelle Vielfalt**, zu der neben europäischstämmigen Einwohnern 37 % Maori, Pacific Islanders und Asiaten sowie 2 % Mischlinge beitragen. Das moderne Auckland ist stolz auf seinen Ruf als boomendes **Wirtschafts-, Wissenschafts-** und **Kommunikationszentrum**.

Downtown

Fährschiffe, Ozeanriesen und Jachten machen die **Hafenfront** der City am Südrand des Waitemata Harbour vor allem zwischen *Viaduct Basin* und *Queens Wharf* zur turbulentesten Meile der Stadt. Dazwischen laden an der *Princes Wharf* über 20 Bars, Restaurants und Cafés mit bestechenden Ausblicken zum Bummeln und Verweilen ein. Die Hauptattraktion an der benachbarten Hobson Wharf ist das **New Zealand Maritime Museum** ❶ (Okt.–April tgl. 9–18, sonst 9–17 Uhr, www.nzmaritime.org.nz). In luftigen Hallen geben historische Exponate und nautisches Gerät Einblicke in 1000 Jahre pazifische Seefahrtsgeschichte. Liebevoll restaurierte Schiffe sind direkt an der Wharf und im westlich anschließenden *Viaduct Basin* festgemacht: von Kanus der Polynesier über das nach uralten Plänen neu gebaute Auslegerboot *Taratai* bis zu den Jachten

Hinter dem vergleichsweise bescheidenen Ferry Building an der Queens Wharf vereinen sich die Glas- und Chromriesen des Geschäftsviertels zur Skyline von Auckland

der neuseeländischen Regattasegler. An Land zeigen Segelhersteller, Kunsthandwerker, Boots- und Modellbauer ihr Können. Viaduct Basin ist auch Ausgangspunkt für grandiose Segelschiffrundfahrten, sei es auf der *Pride of Auckland* (Tel. 09/377 04 59, www.prideofauckland.com) durch den Hafen oder etwa auf der *NZL 40* (Tel. 09/359 59 87, www.sailnz.co.nz) durch den Hauraki Gulf oder zur Bay of Islands. Die Fahrten setzen neben der Küsten-Skyline von Auckland auch das **America's Cup Village** ❷ gebührend in Szene, ein maritimes Sportzentrum, das Auckland als Austragungsort des *America's Cup 2000*, der Regatta um die älteste und wohl begehrteste Segeltrophäe der Welt (›Auld Mug‹), erbauen ließ.

Unmittelbar hinter der turbulenten Quay Street erheben sich die postmodernen Glashochhäuser des internationalen Geschäftsviertels. Einen überraschend altertümlichen Sehreiz bietet der zweistöckige, 1912 erbaute ehem. Fährterminal, das **Ferry Building** ❸ an der *Queens Wharf*. Seine Fassade in hellem Ocker und warmem Ziegelrot, mit Säulen und Uhrturm, entspricht dem englischen Neobarockstil der edwardianischen Zeit. Von zwei Restaurantterrassen aus genießt man einen Panoramablick über den Hafen – nach Devonport im Norden, zur Harbour Bridge im Westen und zum Vulkan Rangitoto im Nordosten. Gegenüber des Fährgebäudes befindet sich in und unter dem ebenfalls edwardianischen früheren Postgebäude das *Britomart Transport Centre*, von dem aus Busse und Bahnen ins ganze Land fahren.

Nebenan beginnt die **Queen Street** ❹ ihren Weg nach Süden. Sie ist Hauptstraße, Shopping- und Flaniermeile von Auckland City. Zwischen moderne Glaspaläste drängen sich Gebäude in diversen Baustilen des 19. Jh., etwa an der Ecke zur Customs Street die schlichte, beinahe 100 Jahre alte *Queens Arcade*. Zur Zeit ihrer Erbauung symbolisierte das Einkaufszentrum den Aufbruch Aucklands in ein elegantes Jahrhundert, heute bildet sie einen hübschen Gegensatz zu den modernen Nachfolgerinnen wie etwa dem nahen *Chase Plaza* im Block zwischen Queen und Albert Street.

Östlich der Queen Street lohnt ein Blick in die **Vulcan Lane** ❺. Die schmale schattige Fußgängergasse, einst Arbeitsort der Schmiede, ist ein Platz zum Atemholen. Man kann an kleinen Tischen im Freien sitzen, ein kühles Getränk genießen oder in originellen Boutiquen stöbern. Auf der anderen Seite der Queen Street führt die Wyndham Street zur **St. Patrick's Cathedral** ❻. 1848 im neogotischen Stil erbaut, ist sie eine der ältesten Kirchen des Landes. Sehenswert ist im Inneren u. a. das schöne, von Maori aus Hokianga geschnitzte Tabernakel.

Seit 1997 werden der spitze Turm der Kathedrale sowie die umliegenden Hochhäuser vom 328 m hohen **Sky Tower** ❼ überragt, der in einer schlanken Nadel endet. Das höchste Bauwerk der südlichen Hemisphäre besitzt ein Drehrestaurant und drei Aussichtsplattformen. Vom obersten *Sky Deck* aus sieht man an klaren Tagen weit hinaus in die Inselwelt des Hauraki Gulf. Der ›Himmelsturm‹ erhebt sich wie als Wahrzeichen über dem elfstöckigen Komplex von **Harrah's Sky City**, ein *Kasino* mit mehr als 1000 Spielautomaten sowie nahezu 100 Roulette- und Black-Jack-Tischen. *Sky City-Hotel* mit viel Glas und edlem Holz sowie *Sky City-Theatre* runden die bombastische Anlage im Zentrum von Auckland ab.

Rasch gelangt man über die Wellesley Street West wieder zur Queen Street. An der Ecke steht das alte, renovierte **Civic Theatre** ❽ (www.civictheatre.co.nz) ein Forum für Oper, Theater, Filmklassik und Nostalgie. Es ist einer der letzten großen

Futuristisch mutet der in bunten Farben hell erstrahlende Sky Tower bei Nacht an

1 Auckland

Wie ein Portal erhebt sich die Plastik Waharoa vor dem Kulturzentrum Aotea Centre. Beide wollen auf ihre Art einladen, Altbekanntes zu überdenken und Neues zuzulassen

Unterhaltungspaläste mit einem in persisch-indischen Motiven dekorierten Foyer und einem Treppenhaus im Stil einer indonesischen Tempelanlage.

Auf dem *Aotea Square* mit der Statue Lord Aucklands und der bogenförmigen Holzplastik *Waharoa* (›Tor‹) von Selwyn Muru finden die besuchenswerten **Aotea Square Markets** (Fr/Sa ab 10 Uhr) für Kunst, Nippes und Praktisches statt. Architektonisch dominiert den Platz die gewaltige, 1911 aus hellem Oamarustein erbaute **Town Hall** ❾, das alte Rathaus der Stadt. Wie ein Schiffsbug ragt das turmgekrönte neoklassizistische Gebäude weit in den Platz hinein. Lange Zeit umstritten war nebenan das flache, 1990 vollendete **Aotea Centre** ❿. Die größte Kongress- und Konzerthalle des Landes wird mitunter sogar als ›Kulturklotz‹ bezeichnet, doch sie gewinnt bei Nachtbeleuchtung an Charme.

In ihrem obersten Abschnitt mündet die Queen Street in die von zahlreichen Läden, Cafés, Nachtclubs und Sexshops gesäumte **Karangahape Road** ⓫, kurz *K-Road* genannt. Das Flair ist polynesisch, indisch, asiatisch, bunt, laut und turbulent, die Luft erfüllt von exotischen Gerüchen und einem geradezu babylonischen Sprachengewirr.

Kunst und Natur

An der Ecke Wellesley East und Lorne Street verdient **The New Gallery** ⓬ (tgl. 10–17 Uhr) mit interessanten Wechselausstellungen zeitgenössischer Kunst Aufmerksamkeit. Ihr *McCahon Room* ist dem Pionier der abstrakten neuseeländischen Malerei Colin McCahon (1919–1987) gewidmet. Diese Gallerie gehört zu der nur wenige Schritte entfernt an der Ecke Wellesley und Kitchener Street gelegenen **Auckland Art Gallery** ⓭ (tgl. 10–17 Uhr, www.aucklandartgallery.govt.nz, wg. Restaurierung und Erweiterung bis voraussichtl. 2010 geschl.). Das strahlend weiße Haus entstand 1887 im Stil der Neorenaissance. Berühmt ist seine *Grey Gallery* mit neuseeländischer Kunst des 18.–20. Jh. und europäischer Gegenwartskunst. Auch in den neu gestalteten Räumen werden die romantisierenden Landschaften von *Charles Heaphy* (1829–1881), *Charles Frederick Goldies* (1870–1947) Genrebilder aus der Welt der Maori und die nach Fotos gemalten Maoriporträts des Pilseners *Gottfried Lindauer* (1839–1926) wieder Höhepunkte der Sammlung sein.

Ein wenig ostwärts liegt der **Albert Park** ⓮, der mit weiten gepflegten Rasenflächen und alten Bäumen einen zentrumsnahen Erholungsraum bietet. Während der Landkriege im 19. Jh. befand sich im Ostteil des Parks das Kasernenareal der britischen Soldaten, hier steht heute die 1883 erbaute **Auckland University** ⓯. Die Gebäudegruppe wird von einem verspäteten Turm aus dem Jahr 1926 dominiert, den der Volksmund wegen seines Zuckerbäckerstils *Wedding Cake*, Hochzeitstorte, nennt.

Auckland

Über Grafton Road und Stanley Street hinweg geht das Grün des Albert Parks im Südosten in die 80 ha große **Auckland Domain** ⑯ über, den einstigen Kommunalanger mit schönen Gartenanlagen. Auf ihrer höchsten Erhebung steht der mächtige, 1929 erbaute neoklassizistische Komplex des **Auckland Museum** ⑰ (tgl. 10–17 Uhr, www.aucklandmuseum.com), den das 2006 eröffnete eindrucksvolle *Grand Atrium* in die Tiefe erweiterte. Der Zweitname **War Memorial Museum** verweist auf die *War Memorial Hall* im 2. Stock, die dem Gedenken an die gefallenen Soldaten Neuseelands gewidmet ist. Die Erdgeschosshallen präsentieren Schätze der Maori, eine Einführung in die Lebensweise der Pakeha sowie Ausstattung, Schmuck und Masken aus dem polynesischen Raum. Großes Interesse findet auch das 25 m lange, kunstvoll geschnitzte Kriegskanu *Te Toki a Tapiri*, das rund 120 Krieger aufnehmen konnte. Täglich um 11, 12 und 13.30 Uhr, Jan.–März zusätzlich um 14.30 Uhr, tanzt und singt in der Eingangshalle die Maori-Kulturgruppe *Manaia* für Besucher. Im Obergeschoss sind Sammlungen zur lokalen Geologie, Natur- und Landschaftskunde, Flora und Fauna zu sehen, des weiteren Ausstellungen einheimischer Glaskunst, englischer Möbel und asiatischer Kunst.

Im Sommer gelangt man vom Museum mit einem Shuttle Bus zum **Auckland Zoo** ⑱ (tgl. 9.30–17.30, letzter Einlass 16.15, Juni–Aug. 9.30–17 Uhr, www.aucklandzoo.co.nz) im Stadtteil Western Springs, wo mehr als 900 Tierarten zu Hause sind, darunter weiße Nashörner und Tuatara-Echsen. Von dort ist das nahe **Museum of Transport & Technology** ⑲ (tgl. 10–17 Uhr, www.motat.org.nz) mit einer Tramway erreichbar. Im *MOTAT* kann man anhand von historischen Kutschen, Automobil-Oldtimern, Eisenbahnen und Maschinen bis hin zu einem virtuellen Marsspaziergang die Entwicklungsgeschichte der Technik nachvollziehen. Große Aufmerksamkeit erregt das *Fluggerät* des neuseeländischen Bauern und Erfinders Richard Pearse , mit dem er zur Zeit der Brüder Wright (1877–1953) um 1903 erste Flugversuche unternahm.

Parnell und der Osten

An die Domain grenzt im Nordosten der Vorort Parnell, der dank Bürgerprotesten von Hochhausbauten verschont blieb. So säumen die **Parnell Road** ⑳, die das Viertel als Hauptstraße von Norden nach Süden durchzieht, hübsch restaurierte *Holzhäuser* im viktorianischen Stil. Gelungen fügt sich das Shoppingkomplex **Parnell Village** ㉑ ein. Hinter schmalen Eingängen verbergen sich schicke Designerboutiquen, Bistros, Restaurants, Galerien, Schmuck- und Kunsthandwerksläden, romantische Passagen mit Kopfsteinpflaster, Rosengärten und Gaslaternen im Kolonialstil.

Das reich verzierte Kanu Te Toki a Tapiri, ›Beil des Tapiri‹, im Auckland Museum wurde 1836 als letztes großes Kriegskanu der Maori hergestellt und im Manukau Harbour eingesetzt

Auckland

Stadtteil der Lebenskünstler – entlang der Parnell Road kann man sich angesichts solcher Wandbilder zu Überlegungen über Realität und Illusion anregen lassen

Im oberen Bereich der Parnell Road führt die St. Stephens Avenue nach Osten zur **Pro-Cathedral Church of St. Mary's** ㉒. Die 1886 an der Brighton Road errichteten neogotischen Holzkirche wurde 1982 an ihren jetzigen Standort auf der gegenüberliegenden Straßenseite transportiert. Dieser historische Bau bildet nun mit der neuen gemauerten *Holy Trinity Cathedral* eine architektonisch ungewöhnliche Doppelkirche.

In der nahen Ayr Street befinden sich zwei Häuser aus der Frühzeit Aucklands: Das **Kinder House** ㉓ (Mo–Sa 11–15 Uhr) von 1856, ausgestattet mit Originalmöbeln aus der Entstehungszeit, Aquarellen und historischen Fotografien, sowie das 1863/64 aus Kauriholz erbaute **Ewelme Cottage** ㉔ (Fr–So 10.30–12 und 13–16.30 Uhr, Tel. 09/ 379 02 02).

Mission Bay

Die Panoramastraße **Tamaki Drive** ㉕ führt nach Osten, wo an der Orakai Wharf **Kelly Tarlton's Underwater World** ㉖ (tgl. 9–18 Uhr, www.kellytarltons.co.nz) zu besichtigen ist. Die Attraktion ist ein 120 m langer *Acryltunnel*, in dem ein Laufband Besucher durch eine pazifische Unterwasserwelt transportiert, vorbei an Haien und Adlerrochen, Piranhas, Schildkröten, Seepferdchen, Oktopussen und bunten Rifffischen. 1994 wurde die Anlage um das benachbarte **Antarctic Encounter** ㉗ erweitert. Hier ist die nachgebaute Hütte des Polarforschers *Robert Falcon Scott* (1868–1912) Ausgangspunkt für die Fahrt mit dem Snow Cat-Motorbob durch ein künstlich geschaffenes, mit Pinguinen und Showeffekten angereichertes Land aus Schnee und Eis.

Die Bucht **Mission Bay** ㉘, von der das Viertel seinen Namen ableitet, besitzt einen guten *Badestrand*. Am Ufer bieten kleine Restaurants auch abends Plätze im Freien mit Blick auf das Meer und Rangitoto Island.

Mensch und Tier sind in Kelly Tarlton's Underwater World in ihrem Element

Auckland

Weithin sichtbar, erinnert der Obelisk auf dem One Tree Hill an die alte Maorikultur

Coast to coast walkway

12,8 km lang ist der ausgeschilderte **Wanderweg** Coast to coast walkway, der vom Ferry Building an der Quay Street quer durch die Stadt zum Onehunga Beach am Manukau Harbour führt. Über Albert Park und Auckland Domain gelangt man zu den beiden prägnantesten Vulkanhügeln Aucklands, Mount Eden (196 m) und One Tree Hill (183 m).

Mount Eden ㉙, südlich des Stadtzentrums, bietet vom Rundweg um seinen tiefen, längst erloschenen Krater einen grandiosen Ausblick auf die Stadt. Am stimmungsvollsten erlebt man ihn gegen Abend, wenn die Sonne das Häusermeer und den Ozean zum Glänzen bringt. Durch die Wohnbezirke von Epsom und Royal Oak führt der Weg weiter zum **Cornwall Park** ㉚, einer Stiftung von *Sir John Logan Campbell* (1817–1912). Inmitten der Grünflächen liegt **Acacia Cottage** ㉛, das älteste Haus der Stadt, jene Holzbleibe, die der später als ›Vater Aucklands‹ apostrophierte Großunternehmer und Bürgermeister John Logan Campbell 1841 für sich baute. Hier, an den Hängen des **One Tree Hill** ㉜, befand sich im frühen 18. Jh. die größte befestigte Maorisiedlung der Nordinsel sowie ein einzelner, den Einheimischen heiliger *Totara-Baum*. Zwar fällten die ersten weißen Siedler diese Steineibe, doch ließ Campbell an ihrer Stelle als Zeichen des Respekts eine heute weithin sichtbare Pinie pflanzen. Campbells *Grab* liegt auf dem Gipfel des Hügels neben dem Baum und einem Obelisken, der die Leistungen der Maori würdigt.

Batsman und bowler, wicket und inning – die Fachbegriffe sollte man schon kennen, wenn man an Sonntagen über das Cricketspiel im Cornwall Park fachsimpeln will

Superbe Strände

Rund um Auckland lädt eine Fülle unterschiedlicher Strände zum Baden, Surfen und Faulenzen ein. Tamaki Drive erschließt die **Mission Bay** und **St. Heliers Bay** im Osten, wo man vor der Kulisse von Rangitoto Island am besten bei Flut schwimmt. Besonders reizvoll mit vielen viktorianischen Villen, Gärten, Restaurants und Boutiquen ist Aucklands Vorort **Devonport** 33 auf der North Shore-Halbinsel gegenüber Waitemata Harbour. Für die schönsten Rundblicke bietet sich dort der Hügel Mount Victoria an. Schwimmer genießen am **Cheltenham Beach** die Aussicht auf Rangitoto Island, und auch der nördlich davon gelegene **Takapuna Beach** ist sehr beliebt.

Junge Leute und Surfer fahren gern durch die Waitakere Range nach Westen zum **Piha Beach** mit besonders starker Brandung, zum **Karekare Beach**, wo Strandszenen für den Film *The Piano* gedreht wurden, und zum **Whatipu Beach**, in dessen Nähe die Tasman Sea in den Manukau Harbour übergeht. Nordwärts siedelten sich viele kleinere **Vineyards**, Weingärten, an, auf denen Gäste zu Weinproben herzlich willkommen sind.

:information_source: Praktische Hinweise

Information

VIC, Ecke Victoria Street/ Federal Street, Atrium Skycity, Auckland, Tel. 09/363 71 82 – Weiteres VIC-Büros: 137 Quay Street/ Princes Wharf, Tel. 09/307 06 12; Auckland Itl. Airport, Arrival Hall, Tel. 09/275 64 67; Domestic Airport, Air NZ Terminal, www.aucklandnz.com

Flughafen

Auckland Airport (AKL), 21 km südwestlich des Stadtzentrums, Airport Auskunft Tel. 08 00 24 77 67. Inter-Terminal Bus zwischen International und Domestic Airport (tgl. 6–22 Uhr). Shuttlebus zwischen International Terminal und Downtown Airline Terminal (Ecke Quay Street und Albert Street), 20 Minuten-Takt mit Halt an mehreren Hotels.

Stadtrundfahrt

Auckland Explorer, Tel. 08 00/43 97 56, www.explorerbus.co.nz. *Hop on Hop off-Service* halbstündlich (im Winter zur vollen Stunde) ab Ferry Building, Ecke Quay/ Queen Street, zu den 14 wichtigsten innerstädtischen Sehenswürdigkeiten.

Die sanfte Dünung am Cheltenham Beach östlich von Devonport lädt zum Baden ein

Bus

The Link, Downtown Bus-Terminal, Commerce Street, Auckland, Tel. 09/ 366 64 00, fährt alle 10 Min. zu einigen der touristischen Plätze.
Städtische Busse verkehren Mo–Sa 6.30–22.30 Uhr, So oft nur bis 19 Uhr. Tageskarten kauft man beim Busfahrer; Wochenkarten erhält man am Downtown Bus Terminal, Commerce Street.

Schiff

Ferry Building: Am Pier 1 legen die Fähren nach Devonport ab, am Pier 2 die nach Rangitoto, Waiheke und Great Barrier Island, an Piers 2 und 3 die Hafen- und Hauraki Gulf-Kreuzfahrtschiffe, z. B. **Fuller Harbour Ferries** (Tel. 09/367 91 11).

Hotels

*******Stamford Plaza Auckland**, 22 Lower Albert Street, Auckland, Tel. 09/309 88 88, Fax 09/379 64 45, www.stamford.com.au. Das zwölfstöckige

Glitzer, Glamour und Gewinne bietet das Sky Tower Casino seinen Gästen

Luxushotel im Zentrum wurde 2006 innen und außen glanzvoll restauriert. Sein elegantes Kabuki Teppanyaki Restaurant gilt als eines der besten in NZ.

****Copthorne Harbour City Hotel**, 196–200 Quay Street, Auckland, Tel. 09/377 03 49, Fax 307 81 59, www.millenium hotels.com. Die Zimmer zur Uferpromenade sind soz. Logenplätze am Hafen.

****Kingsgate Hotel Parnell**, 92–102 Gladstone Road, Parnell, Auckland, Tel. 09/377 36 19, Fax 303 37 16, www.kings gatehotels.co.nz. Gut ausgestattetes Haus gegenüber Parnell Rose Gardens.

***Barrycourt Suites-Hotel**, 10–20 Gladstone Road, Auckland, Tel. 09/303 37 89, Fax 09/3 77 33 09, www.barrycourt.co.nz. Das ruhige Haus in Parnell bietet Apartments und Hotelzimmer mit Hafenblick.

***City Central Hotel**, Ecke Albert Street und Wellesley Street, Auckland, Tel. 09/307 33 88, Fax 09/307 06 85, www.city centralhotel.co.nz. Günstige Studios und Schlafsäle, auch für Familien geeignet.

** **Formule 1**, 20 Wyndham Street, Auckland, Tel. 09/308 91 40, Fax 09/308 72 00, www.accorhotels.co.au. 143 Zimmer, u. a. mit Kitchenette, auf 18 Etagen; wenig Charme, aber unschlagbar günstig.

ABC Auckland Central Backpackers, 229 Queen Street, Ecke Darby Street, Auckland, Tel. 09/358 48 77, Fax 09/358 48 72, www.gobeyond.co.nz. Zentral, nett und freundlich; hilfsbereite Crew.

Café

Riva Café, 89 Tamaki Drive, Auckland, Tel. 09/528 85 66. Kaffeehaus an der Mission Bay im mediterranen Stil: Tische im Freien, Sonnenschirme, kleine Gerichte und viele Salate.

Geschäftig geht es zur Mittagszeit in Downtown Auckland zu, wenn Arbeiter und Angestellte ebenso unterwegs sind wie Freizeitsportler und Rucksacktouristen

Als beliebte Wanderung führt der Summit Walk über bizarr erstarrte Lavafelder auf den Gipfel des Rangitoto, der die gleichnamige Insel und den Hauraki Gulf überragt

Restaurants

TOP TIPP **Antoine's**, 333 Parnell Road, Auckland, Tel. 09/379 87 56. Klein aber exklusiv. Hier zeigt sich Neuseelands Küche von ihrer besten Seite. Service mit Stil im touristischen Bummelviertel Parnell. Anmeldung erforderlich.

Cin Cin on Quay, Ferry Building, 99 Quay Street, Auckland, Tel. 09/307 69 66. Lage und Hafenblick sind wunderschön, die Küche bietet eine Mischung aus mediterranen und japanischen Gerichten.

Kermadec Brasserie, Viaduct Quay (1. Etage), Ecke Lower Hobson/Quay Street, Auckland, Tel. 09/309 04 12. Seafood in reicher Auswahl, besonders delikate Bouillabaisse. Weiter Blick über Waitemata Harbour.

Orbit, Ecke Victoria/Federal Street, Auckland, Tel. 09/363 60 00. Zu Delikatessen aus dem Meer genießt man im Drehrestaurant des Sky-Tower die unvergleichliche Aussicht über Auckland.

2 Hauraki Gulf

Eine bezaubernde Wasserwelt umgibt die vielfältigen Inseln des Golfs.

Mehr als **100 Inseln**, Gipfel einer nach der letzten Eiszeit versunkenen Bergwelt, bilden im tiefblauen Hauraki Gulf nordöstlich von Auckland eine Landschaft voller Kontraste. 13 600 km² Meeresfläche, im Osten durch Coromandel Peninsula und Great Barrier Island vor stürmischen Pazifikwogen geschützt, sind ein Paradies für *Segler*.

47 der Inseln wurden 1967 als **Hauraki Gulf Maritime Park** unter Schutz gestellt und in zwei Kategorien eingeteilt. Die sog. **Recreation Islands**, wie Rangitoto und Motutapu Island, Waiheke und Great Barrier Island dienen mit ihren Stränden, Wassersportmöglichkeiten und Wanderwegen als Urlaubsdomizile und Naherholungsgebiete für Auckland. Viele der **Conservation Islands**, wie Little Barrier, Cuvier, Mercury oder Alderman Island, sind Schutzgebiete für bedrohte Pflanzen und Tiere und dürfen nur mit Bewilligung des *Department of Conservation* in Wellington betreten werden.

Rangitoto und Motutapu Island

Die Bewohner von Auckland fürchten sich nicht vor dem vergleichsweise jungen, 260 m hohen, dreigipfligen **Vulkan** Rangitoto, der nur 10 km von der Stadt entfernt aus dem Wasser ragt. Vor rund 600 Jahren tauchte er aus den Pazifikfluten auf, vor 300 Jahren spuckte er Asche und Lava, jetzt ruht er. Doch obwohl das Lavagestein von **Rangitoto Island** bereits wieder eine dichte grüne Decke aus Farnen, Sträuchern und Pohutukawa-Bäumen überzieht, trauen Geologen dem Frieden nicht und beobachten den stumpfen Bergkegel aufmerksam.

Von *Rangitoto Wharf*, dem Anlegeplatz der Fähre, führt der **Summit Walk** über spitzes Lavagestein in etwa 1 Std. zu Fuß zum Gipfel des Rangitoto. Schneller geht es mit dem Safariwagen von Vulcanic Explorer. Vom *Rundweg* um den Krater bietet sich eine atemberaubende Aussicht auf den Golf und Auckland.

Motutapu Island im Osten ist durch einen natürlichen *Damm* mit Rangitoto Island verbunden. Die mit 180 ha etwas kleinere Nachbarinsel wirkt friedlich und ländlich. Schafe und Rinder grasen auf den von Maori im 15. Jh. um den 121 m hohen Mount Motutapu angelegten Terrassen. Wochenendausflügler teilen den beliebten Picknick- und Campingplatz nahe der Bucht *Home Bay* im Inselosten mit Archäologen. Im harten Boden graben diese nach Relikten jener Maoridörfer, die bei der Entstehung von Rangitoto Island unter einem Aschenregen begraben wurden.

Waiheke Island

Eine fast 100 km lange Küste, malerische, tief in das Land einschneidende Buchten, einsame Strände, kristallklares Wasser und **urwüchsige Natur** machen die 20 km vor Auckland liegende Insel so beliebt. Unter den 7000 Bewohnern, die vorwiegend im Westteil des 93 km² großen, bergigen Eilands leben, sind viele Künstler, Kunsthandwerker und Aussteiger. Die Personen- und Autofähre benötigen von Auckland nach *Matiatia Wharf* im Inselwesten und zum *Kennedy Point* an der Südküste direkt 35 Min., über Devonport 45 Min. Busse fahren die Besucher, die vor allem an Wochenenden zahlreich kommen, zu den Kunsthandwerksläden im Inselinneren, zur *Waiheke Community Art Gallery* (tgl. 10–16 Uhr), zum schönem **Sandstrand** von *Onetangi*, zum kleinen Hauptort *Oneroa* und zum *Waiheke Island Historic Village* (Mo/Mi/Sa/So 12–16 Uhr) mit kleiner völkerkundlichen Sammlung.

Great Barrier Island

Wie eine gewaltige natürliche Sperrmauer gegen den Pazifik empfand James Cook die lang gezogene, im 627 m hohen *Mount Hobson* gipfelnde Insel und gab ihr 1769 einen entsprechenden Namen. Great Barrier Island liegt 85 km nordöstlich von Auckland und ist mit 280 km² die größte Insel im Hauraki Gulf. Ihre Bergketten sind in weiten Teilen mit dichten **Kauriwäldern** bedeckt. Ein Stück Siedlungs- und Landesgeschichte präsentiert sich mit Ruinen alter Walfangstationen, Holzdämmen an den Flüssen und Schiffswracks vor der Küste.

Gegen Ende des 18. Jh. gründeten **Walfänger** bei *Whangaparapara* an der Westküste eine erste Niederlassung. Ihnen folgten im 19. Jh. Holzfäller und Farmer, seit wenigen Jahren auch Touristen. Im Gegensatz zur felsigen Ostküste, die am **Medlands** und **Whangapoua Beach** beachtliche *Surfwellen* aufbaut, sind in den geschützten Buchten der Westküste klei-

Nicht zuletzt dank der schönen Sandstrände ist das grüne Waiheke Island als Ausflugs- und Ferienziel bei Besuchern aus dem nahen Auckland überaus beliebt

Hauraki Gulf

Captain Cook Monument in Gisborne

Entdeckerträume werden wahr

Am 27. Oktober 1728 wurde **James Cook** in Marton-cum-Cleveland in der britischen Grafschaft Yorkshire geboren. Mit 17 Jahren begann er eine Krämerlehre im kleinen Fischerhafen Staithes, wo für eine Weile Salzheringe sein Leben bestimmten. Es ist wohl möglich, dass er schon damals von der großen Freiheit auf See und von der Entdeckung des sagenumwobenen **Südkontinents** träumte, den bereits die alten Griechen als Gegengewicht zum nördlichen Kontinent vermuteten. Also trat der junge James seine nächste Stelle bei Schiffseignern in Whitby an. Er avancierte zum Maat, trat dann in die Dienste der königlichen Marine und erwarb 1757 das **Kapitänspatent**. Als er 1769 mit seinem Schiff **Endeavour** in See stach, offiziell um die Venus zu beobachten und inoffiziell den in der Weite des Stillen Ozeans vermuteten Südkontinent zu finden, war er 41 Jahre alt, ein glänzender Autodidakt in Meeresforschung, Navigation und Kartografie.

Insgesamt unternahm Cook drei **Entdeckungsfahrten**. Dabei umrundete er Neuseeland, erforschte die Ostküste Australiens, überquerte zweimal den Südlichen Polarkreis, besuchte die meisten pazifischen Inselgruppen, segelte durch die Beringstraße und entdeckte 1778 die Hawaii-Inseln. Dort wurde er am 14. Februar 1779 infolge einer unglücklichen Verkettung von Umständen von Einheimischen erschlagen.

Millionen Briten und andere Europäer verdanken Cooks Forscherdrang neue, vom Stillen Ozean umspülte **Heimatländer**, viele pazifische Völker erinnern sich allerdings mit gemischten Gefühlen an die damals eingeleitete Kontaktaufnahme.

ne Orte wie der Fährhafen *Tryphena* oder *Port Fitzroy* entstanden. Die etwa 1000 Inselbewohner leben bescheiden, Elektrizität beziehen sie aus Generatoren und die Straßen lassen zu wünschen übrig. Aber die Angebote für **Outdoor-Aktivitäten** sind ausgezeichnet. Surfen, Tauchen, Fischen, Reiten oder Mountainbiken sind nur einige der Möglichkeiten. In Port Fitzroy etwa beginnt der **Great Barrier Island Track** durch dichten Urwald und Canyons zu heißen Thermalquellen und historischen Kauriholzdämmen.

Praktische Hinweise

Information

VIC, Korora Road, Oneroa, Waiheke Island, Tel. 09/372 12 34, Fax 09/372 99 19. – www.gotowaiheke.com.
VIC, Hector Sanderson Road, Claris, Great Barrier Island, Tel. 09/429 00 33, Fax 09/429 06 60, www.greatbarrier.co.nz

Schiff

Siehe auch Auckland [S. 27].

Fullers Ferry, Matiatia Wharf, Waiheke Island, Tel. 09/367 91 11, www.fullers.co.nz. Auckland über Devonport 45 Min.

Sea Link, Kennedy Point, Waiheke Island, Tel. 09/300 59 00, www.sealink.co.nz. Auto- und Personenfähre, stdl. zur Half Moon Bay in Aucklands Osten (45 Min.).

Hotels

*****Miro Vineyard**, Browns Road, Onetangi, Waiheke Island, Tel. 09/372 78 54, Fax 09/372 78 54, www.mirovineyard.co.nz. Weingärten umgeben das Landhaus mit Blick auf Onetangi Bay.

******Earthsong Lodge**, Medland Road 38, Tryphena, Great Barrier Island, Tel. 09/429 00 30, Fax 09/429 03 51, www.earthsong.co.nz. Elegante Luxus-Lodge an der Küste mit Ausblicken auf das Meer.

Northland –
idyllische Buchten und Strände

Einem Blütenmeer gleicht die zerklüftete Küste der schmalen Northland Peninsula im Osten bei **Warkworth**. An der **Bay of Islands** erscheint die Halbinsel sanft und malerisch. Nördlich davon bei **Whangaroa Harbour** wird sie felsig und herbschön, geradezu einsam schließlich auf der gegenüberliegenden Seite, wo sich die weite Sandlandschaft des **Ninety Mile Beach** erstreckt. Dazwischen präsentiert sich Neuseelands subtropischer Norden mit grünen Hügelweiten, auf denen unzählige Schafe grasen, oder mit tausendjährigen Kauribäumen im **Waipoua Forest**. Auf historischem Boden befindet man sich in **Waitangi**, wo die neuseeländische Nation aus der Taufe gehoben wurde. Der gut ausgebaute kurvenreiche State Highway 1 (SH 1) erschließt die Region bis in die Nähe der schroffen Felsklippen von **Cape Reinga** im äußersten Norden.

3 Warkworth und Kawau Island

Stadt unweit stiller Strände und Gouverneursinsel mit importierter Tierwelt.

Von hügeligem Farmland umgeben, liegt an den Ufern des Mahurangi River **Warkworth** (4000 Einw.), das Tor zur mittleren Kowhai Coast. Die Kleinstadt ist freundlich und meist beschaulich. Quicklebendig wird sie alljährlich am 3. Oktober, wenn ihre Bewohner mit karnevalsähnlichem Trubel das **Kowhai Festival** feiern, das Fest der goldgelben, glockenartigen Blüten der Kowhai-Bäume, die in der näheren Umgebung und an der Küste so überreich wachsen.

Vom Nordende der Stadt führt eine schmale Nebenstraße ostwärts, die sich nach 3 km gabelt. Die südwärts abzweigende Route erreicht nach 2 km *Mahurangi Peninsula* und die hübschen stillen **Badestrände** Snells Beach und Algies Bay. Der nördliche Abzweig endet 1 km weiter bei Sandspit, einem romantischen, von Baumfarnen gerahmten Jachthafen. Mehrmals täglich verkehren von **Sandspit Wharf** Fähren nach Kawau Island.

25 km vor der Küste liegt **Kawau Island**. Neuseelands ehem. Premierminister Sir George Grey kaufte die Insel 1862 und ließ das dortige Haus eines Minenbesitzers zu einer stilvollen dreiflügeligen Holzvilla umbauen. **Mansion House** (tgl. 10–16 Uhr), heute als Museum mit Möbeln aus dem 19. Jh. und Memorabilien ausgestattet ist eines der schönsten Beispiele früh-

Der Charme der Jahrhundertwende wird in den Räumen von Manison House lebendig

◁ *Zauberhaft wirkt die Bucht vor Manison House auf Kawau Island*

kolonialer Architektur in Neuseeland. Sir Grey gab seiner Insel mit Bäumen und Blumen aus aller Welt, mit Affen, Zebras, Antilopen und Kängurus ein **exotisches Ambiente**. Von dieser Tierwelt haben sich nur die *Wallabies* aus Australien erhalten. Heute müssen sie die Insel samt den griechischen Olivenbäumen, brasilianischen Palmen, amerikanischen Redwoods und britischen Eichen aber mit zahlreichen neuen Ferienhäusern teilen. Doch nach wie vor führen **Spazierwege** durch verwilderte Gärten zum schönen **Sandstrand** an der *Vivian Bay*.

Von Warkworth aus nordwärts ist die wenig befahrene, aussichtsreiche **Küstenroute** über Leigh eine empfehlenswerte Alternative zum SH 1. Die kleine Straße führt zum herrlichen Sandstrand von *Pakiri* und zum Seebad Mangawhai, wo es gute Surfwellen gibt.

Praktische Hinweise

Information
VIC, 1 Baxter Street, Warkworth, Tel. 09/425 90 81, Fax 09/425 75 84, www.warkworth-information.co.nz

Schiff
Jasons Warkworth Cruises, Sandspit Wharf, Warkworth, Tel. 09/425 80 06. Mehrmals tgl. Mansion-House-Ferries von und nach Kawau Island.

Hotels
*****Sandpiper Lodge**, Takatu Road, RD6, Warkworth, Tel. 09/422 72 56, Fax 09/422 78 16, www.sandpiperlodge.co.nz. Nettes Landhaus mit Restaurant und Chalets im Grünen.

*****The Beach House Resort**, Vivian Bay, Kawau Island, Tel. 09/422 88 50, Fax 09/422 88 49, www.kawauresort.co.nz. Wahr gewordener Urlaubstraum: ruhige Zimmer, nur einige Meter vom Strand.

4 Whangarei

Wo 1400 Uhren ticken und Taucher vor Inselküsten Paradiese finden.

Whangarei liegt in einer weiten, hügeligen Buschlandschaft – *Bush* nennt man Neuseelands Tieflandurwald – am Westende des buchtenreichen Whangarei Harbour und ist mit 48 000 Einwohnern die größte Stadt nördlich von Auckland. Keimzelle war ein Maori-Pa auf dem stadtnahen *Mount Parahaki* (242 m). Die Entwicklung zum heutigen **Tor des Nordens** dauerte allerdings zwei Jahrhunderte und machte erst 1935, mit dem Bau der Straße von Auckland und der großen *Ölraffinerie* 1968 am südlichen Hafeneingang, nennenswerte Fortschritte.

Segeljachten aus aller Welt liegen im **Town Basin** vor Anker. Kleine Cafés und Restaurants, Kunstgalerien und Spezialitätenläden in hübschen holzverkleideten Kolonialstilbauten rahmen den Hafen. Unter ihnen befindet sich auch **Clapham's Clocks Museum** (tgl. 9–17 Uhr), in dem rund 1400 Uhren, Kuriosa sowie Musikboxen gezeigt werden.

Ein Ruhepol in der Innenstadt ist der schön angelegte **Cafler Park** an der Wa-

Der weit verzweigte, belebte Hafen ist Dreh- und Angelpunkt von Whangarei

ter Street. Hier wachsen in der *Fennery* (tgl. 10–16 Uhr) an Wasserfällen und Teichen rund 80 einheimische Farnarten. Das **Whangarei Art Museum** (Mo–Fr 10–16, Sa/So 12–16 Uhr, www.whangareiartmuseum.co.nz) in den bezaubernden *Rose Gardens* des Cafler Park zeigt interessante Werke progressiver Künstler.

Der Besiedlungsgeschichte der Northland Peninsula sowie ihrer Fauna und Flora widmen sich **Whangarei Museum** und **Kiwi House** im 25 ha großen **Heritage Park** (tgl. 10–16 Uhr) im 6 km westlich gelegenen Vorort *Maunu*. Zum Komplex gehören die 1886 erbaute viktorianische Homestead der Familie Clarke, eine alte Quecksilbermine und ein spezielles Gehege für die nachtaktiven Kiwis.

Gut 10 km nördlich von Whangarei kann man in den **Zions Wildlife Gardens** (tgl. 9–17 Uhr, Tel. 09/435 01 10, www.zionswildlifegardens.co.nz) im Rahmen einer geführten Tour die weißen Tiger und Löwen besuchen, die hier zuhause sind.

Ausflüge

Im Dezember tiefrot blühende *Pohutukawa* und *Northern Rata* (Eisenholzbäume) machen die Fahrt von Whangarei ostwärts zu den **Whangarei Heads** zu einem Erlebnis. Beeindruckend sind auch die Felsen, die am nördlichen Hafeneingang 420 m steil über die Bucht aufragen. *Ocean Beach* an der äußersten Landspitze ist ein prächtiger Strand.

Rund 30 km im Nordosten erstreckt sich zwischen *Ngunguru Bay* und *Sandy Bay* die **Tutukaka Coast**. Hier gehen die farnbewachsenen steilen Hänge in schöne helle Sandstrände über. Von dem kleinen aber sehr regen Naturhafen Tutukaka aus fährt man zu den **Poor Knights Islands**. Sie liegen 23 km vor der Küste und kein Geringerer als Jaques Cousteau hielt sie für eines der schönsten *Tauchreviere* der Welt. Kristallklares Meer, steile Unterwasserklippen und eine subtropische Strömung bilden ein Dorado für Taucher, denn der reich strukturierte Lebensraum zieht eine Fülle von Fischen an. Eine zusätzliche Attraktion sind die Wracks der beiden absichtlich versenkten Marineschiffe *Tui* und *Waikato* vor den Inseln.

ℹ Praktische Hinweise

Information

VIC, Tarewa Park, 92 Otaika Road, Whangarei, Tel. 09/438 10 79, Fax 09/438 29 43, www.whangareinz.org.nz

Feuerrot und federleicht – Pohutukawablüten sind auch aus der Nähe wunderschön

Schiff

Dive! Tutukaka, Marina Road, RD 3, Tutukaka, Whangarei, Tel. 09/434 38 67, www.diving.co.nz. 1A-Tauchfahrten.

Unterkunft

***Motel Villa del Rio**, 118 Maunu Road, Whangarei, Tel. 09/438 71 86, Fax 09/438 71 85, www.villadelrio.co.nz. Moderne, helle zentrumsnahe Studios.

***Pacific Rendezvous**, Road 3, Tutukaka Coast, Tel. 09/434 38 47, Fax 09/434 39 19, www.oceanresort.co.nz. Ferienkomplex in spektakulärer Aussichtslage auf privater Halbinsel.

Restaurant

Killer Prawn, 26–28 Bank Street, Whangarei, Tel. 09/430 33 33. Spezialität ist *The big splash*, eine riesengroße Seafood-Platte.

5 Bay of Islands

Frühes Siedlungsgebiet, umkämpft von Maori und Weißen, heute friedliches, traumhaftes Segelrevier.

Überflutete Reste eines vorzeitlichen Gebirges, 144 teils grüne, teils felsige Inseln und Inselchen durchbrechen das Saphirblau der weit verzweigten Bay of Islands. In den Meeresarmen des Insellabyrinths schwimmen Hammerhaie, Delphine und Thunfische, zwischen September und

Bay of Islands

Wie ein sprießender Farn

Zu den Bewunderern Neuseelands gehörte auch **Friedensreich Hundertwasser**. Der 1928 als Friedrich Stowasser in Wien geborene Maler und Architekt († 2000) lebte seit 1986 etwa fünf Monate im Jahr auf seinem Landgut bei Kawakawa an der Bay of Islands. Für seine Wahlheimat entwarf er als Ergänzung zur offiziellen Flagge, die sich auf den britischen Union Jack bezieht, eine **alternative Flagge**, die das Nationalgefühl eines eigenständigen, der Natur verbundenen Volkes aus Maori und Pakeha symbolisieren soll. Das **Design** besteht aus einer grünen Spirale, die sich aus einem roten Randbalken auf weißem Grund entrollt. Einerseits greift dieses Motiv das Maoriornament eines Farnblattes auf, kann aber andererseits auch nach Hundertwassers eigner Begründung als auslaufende Welle oder sich entfaltende Fahne verstanden werden, jedenfalls »als eine Botschaft (...) an die Welt, unabhängig, stark, unbesiegbar, voller Leben und Energie, unmissverständlich Neuseeland, eine Flagge der Zukunft und uralter Identität«. Trotz dieser Implikationen bleibt fraglich, ob die Hundertwasserflagge jemals offiziellen Status erlangen wird.

Dezember tummeln sich vor der Küste die größten gestreiften Marline der Welt. Aus aller Welt reisen Sportfischer dann zum **Big Game Fishing** an.

Paihia

Der touristisch umfassend erschlossene Küstenort ist das **Urlaubszentrum** der Region. Alles dreht sich hier um Wassersport und Segeltörns, Angeltouren, Schwimmen mit Delphinen und Walbeobachtungen. In Paihia starten Oktober bis Mai halbtägige **Cream Trips**, Bootsfahrten entlang einer alten Milchsammelroute zu sechs Inseln und zur malerischen *Otehei Bay*, wo man von einem kleinen U-Boot aus die pazifische Flora und Fauna betrachten kann.

Wenn die See nicht zu hohe Wellen schlägt, fährt ein Katamaran von Paihia zum *Cape Brett* und dort durch das **Hole in the Rock**, ein spektakuläres und fotogenes natürliches Felsentor.

Russell

Die Anfahrt mit der Fähre von Opua oder Paihia nach Russell rückt dessen reizvolle **Hafenfront** angemessen ins Bild. Das Städtchen liegt auf der gleichnamigen Halbinsel im Osten der Bay of Islands und schmiegt sich an die geschützte Nebenbucht *Kororareka Bay*. Hier waren die ersten Pakeha im frühen 19. Jh. an Land gegangen: **Walfänger**, die an die ansässigen Maori Abgaben zahlten, Abenteurer, Händler und Missionare. Der alsbald we-

Beliebtes Ziel eines Bootsausfluges von Paihia aus ist der natürliche Felsdurchbruch Hole in the Rock nahe Cape Brett, an dessen felsige Küste malerisch die Wogen branden

Bay of Islands

Meist muss man in der Bay of Islands nicht lange auf der Lauer liegen, um Delphine zu Gesicht zu bekommen, denn die anmutigen Tiere leben das ganze Jahr über in der Bucht

gen seiner Kneipen, Bordelle und Spielsalons, der Alkoholexzesse und des Waffenverkaufs an Eingeborene als ›Höllenloch des Pazifik‹ apostrophierte Ort wurde von 1840/41 mangels Alternative gemeinsam mit dem heute verfallenen Nachbardorf Okiato die erste **Hauptstadt** Neuseelands. Der rechte Ort für Häuptling Hone Heke, um seinem Zorn über die Einbuße der Walfänger-Abgaben nach dem Vertrag von Waitangi Ausdruck zu verleihen: Viermal hackte er provokativ den Fahnenmast auf Russells aussichtsreichem *Flagstaff Hill* um. 1845 begann aus diesem Grund ein einjähriger **Krieg** zwischen Pakeha und Maori, der sowohl mit der Vernichtung des Pa im nahen Kawakawa als auch mit der weitgehenden Zerstörung Russells endete.

Heute ist Russell ein friedlicher Ort. Einige historische Häuser stehen noch an der Uferstraße, etwa links vom Bootsanleger das aus Holz erbaute, renovierte *Duke of Marlborough Hotel*, in dem seit 150 Jahren Gäste beherbergt werden, und nebenan die Polizeistation von 1860. Das 1841/42 errichtete, zweistöckige weiße **Pompallier Mission House** (Dez.–April tgl. 10–17 Uhr) rechts vom Bootsanleger beherbergte eine Missionsdruckerei. Das Gebäude mit Originalausstattung und die alte Druckerpresse können besichtigt werden.

Ebenfalls aus Holz wurde 1836 die **Christ Church** in der nahen Robertson Road erbaut. In dem alten Friedhof ringsum ruhen Bösewichte und Seeleute, weiße Siedler und Maori friedlich vereint. Ein Grabstein erinnert an Hannah King Letheridge, die 1816 als erste weiße Frau in Neuseeland geboren wurde.

Kerikeri

Die beschauliche Kleinstadt liegt, eingebettet in Citrus- und Kiwiplantagen, am Westende des lang gezogenen schmalen *Kerikeri Inlet*. Um 1820 ließen sich hier die ersten Missionare nieder. Aus dieser Zeit blieb am heutigen Hafen die einfache, bescheiden eingerichtete *Kerikeri Mission Station* erhalten. Immerhin ist das **TOP TIPP** auch als **Kemp House** (Nov.–April tgl. 10–17, Mai–Okt. 10–16 Uhr) bekannte Anwesen Neuseelands ältestes intaktes Holzhaus. Unmittelbar nebenan steht **Stone Store**, das älteste Steinhaus des Landes, das ein australischer Ex-Sträfling 1835 für den Missionar John Buller baute. Beide Häuser werden vom *New Zealand Historic Place Trust* verwaltet und können ganzjährig besichtigt werden.

Auf einem nahen Hügel – vom Hafen als *Historic walk* ausgeschildert – befindet sich die einstige Maorifestung **Kororipo Pa**, von der aus Hongi Hika (1770–1828) Kriegszüge gegen die Nachbarstämme führte [s. S. 13].

Auf einer Anhöhe jenseits des Hafenbeckens befindet sich **Rewa's Village** (Okt.–April tgl. 9–17, sonst 9–16 Uhr). Der 1970 entstandene Nachbau eines historischen Fischerdorfes der Maori aus au-

5 Bay of Islands

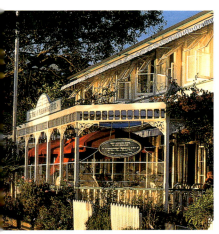

Das stilvolle Duke of Marlborough Hotel war 1840 Neuseelands erstes Pub

thentischem Baumaterial mit *Marae* (Versammlungshaus) und Häuptlingshütte gibt Einblick in den Alltag der Einheimischen im frühen 19. Jh.

ℹ Praktische Hinweise

Information
VIC, The Wharf, Marsden Road, Paihia, Tel. 09/402 73 45, Fax 09/402 73 14, www.visitnorthland.co.nz

Schiff
Ferry Terminal, Russell, Tel. 09/403 75 96. Personenfähre Paihia–Russell und Autofähre Opua–Russell, tgl. 7–21 Uhr.

Fullers, Maritime Building at the waterfront, Paihia, Tel. 09/402 74 21, http://fboi.co.nz. Bay of Islands-Kreuzfahrten.

Hotels
****Duke of Marlborough Hotel, The Strand, Russell, Tel. 09/403 78 29, Fax 09/403 78 28, www.theduke.co.nz. Historisches, 2003 elegant restauriertes Holzhaus mit dem Charme der frühen Jahre; erstes Pub Neuseelands; die 1840 erteilte Schanklizenz ist hinter Glas ausgestellt.

****Paihia Beach Resort Hotel, 116 Marsden Road, Paihia, Tel. 09/402 61 40, Fax 09/402 60 26, www.paihiabeach.co. nz. Hotel in modernem Designerstil mit besonders hellen, geräumigen Suiten.

***Villa del Pescador, 100 Riverview Road, Kerikeri, Tel./Fax 09/407 67 86. Die komfortable Homestay wurde im spanischen Stil erbaut.

Restaurant
The Gables, The Strand, Russell, Tel. 09/403 76 18. Gepflegte, europäisch inspirierte Küche im Ambiente eines 150-jährigen Hauses.

6 Waitangi National Reserve

Geburtsstätte der heutigen bikulturellen neuseeländischen Gesellschaft.

In der Mündungszone von Waitangi River und Hutia Creek, 2 km nördlich von Paihia, liegt Waitangi National Reserve (Okt.–15. März tgl. 9–18, 16. März–Sept. 9–17 Uhr, Tel. 09/4 02 74 37). Am 6. Februar 1840 fanden hier, auf einer Wiese vor dem heute als **Treaty House** bekannten Wohnhaus des britischen Gesandten James Busby, historische Ereignisse statt. An diesem Tag präsentierte Vizegouverneur William Hobson 46 anwesenden Maorihäuptlingen den **Treaty of Waitangi**. Der Vertrag schrieb die britische Herrschaft über das ›Land der großen weißen Wolke‹ fest, machte es zur Kolonie und die Maori zu britischen Staatsbürgern. Die Souveränität der Häuptinge, denen das uneingeschränkte Eigentum an ihren Ländereien und Fischgründen garantiert wurde, ging an die britische Krone, damals Queen Victoria, über. Im Laufe von zwei Jahren unterschrieben weitere 512 Häuptlinge die Gründungsurkunde der neuseeländischen Gesellschaft.

Doch zwei in Maori und Englisch unterschiedlich ausgefertigte Vertragstexte, Übersetzungsfehler und Auslegungsprobleme führten bald zu ersten **Differenzen**, die bis in die heutige Zeit andauern. Auf breiter Basis protestierten die Maori über Ungerechtigkeiten und die teilweise Nichteinhaltung des Waitangi-Vertrages von Seiten der Regierung. Dies führte ab 1975 zu mehreren Abkommen über eine Prüfung von **Landbesitzrechten**, die auch eventuelle Rückgaben und Entschädigungszahlungen implizieren.

Die audiovisuelle Show im **Visitor Centre** (tgl. 9–17 Uhr alle 30 Min.) gibt einen Überblick über die historischen Zusammenhänge. Vor dem als Museum eingerichteten, eher schlichten **Waitangi Treaty House** (tgl. 9–17 Uhr) finden am 6. Februar zum *Nationalfeiertag* der Staatsgründung Festveranstaltungen statt.

Das Marae Runanga von Waitangi gehört allen Polynesiern und ihren Ahnen

Nördlich davon schufen Maorikünstler das 1940 eingeweihte Versammlungshaus **Whare Runanga** mit seinem weit heruntergezogenen Satteldach und der Giebelfigur mit Kanupaddel. Das Innere des Whare birgt u. a. geschnitzte Stammbäume der bedeutendsten Stämme und ist als Ort der Ahnenverehrung, Lebenskraft, Spiritualität und Freundschaft für alle eingewanderten Polynesier gedacht.

Südlich vom Treaty House liegt am Hobson Beach in einer offenen Bootshalle das Kriegskanu **Ngato Kimatawhaorua**. Künstler von fünf Northland-Stämmen schnitzten 1940 aus zwei Kauristämmen das rund 37 m lange Boot, das noch heute bei zeremoniellen Anlässen eingesetzt wird. Es ist mit 80 Rudern bestückt und bietet bis zu 200 Menschen Platz.

Praktische Hinweise

Information

Visitor Centre, Hobson Beach, Waitangi, Tel. 09/402 74 37, Fax 09/402 83 03, www.waitangi.net.nz

Hotel

****Copthorne Hotel & Resort Bay of Islands, Tau Henare Drive, Waitangi, Tel. 09/402 74 11, Fax 09/402 82 00, www.copthornebayofislands.co.nz. Große, luxuriöse Anlage am schmalen Strand mit acht natürlichen Pools.

7 Whangaroa Harbour

Erstklassige Buchten für Big Game Fishing.

Schroffe Felsklippen, im Volksmund ›zwölf Apostel‹ genannt, umgeben Whangaroa Harbour nördlich der Bay of Islands. Der wunderschöne **Naturhafen**, heute ein beliebter Treffpunkt von Sportfischern, war schon zu Beginn des 19. Jh. als Umschlagplatz von Kauriholz bekannt. Traurige Berühmtheit erlangte der Ort 1809 durch das sog. **Boyd Massacre**. Damals ankerte hier die englische Brigg *Boyd*. Ihr Kapitän John Thompson hatte während der Herfahrt den an Bord befindlichen Sohn des Häuptlings Te Puki auspeitschen lassen, woraufhin die Maori die gesamte Schiffsbesatzung töteten. Die *Boyd* geriet in Brand, sank und liegt heute vor *Red Island* auf dem Meeresgrund. Weiße Seeleute eines kurz darauf einlaufenden Schiffes übten Rache und töteten 60 an dem Überfall unbeteiligte Maori.

Eine schmale ostwärts verlaufende Küstenstraße verbindet Whangaroa mit der nahen *Matauri Bay*. Hier starten Boote zu den vor der Küste liegenden **Cavalli Islands**; beliebtestes Ziel ist **Motutapere Island**. Vor ihrer Küste wurde das Wrack des Greenpeace-Schiffes *Rainbow Warrior* [s. S. 15] 1985 versenkt. Taucher finden es in 25 m Tiefe von Wasserpflanzen eingehüllt und von zahllosen Fischen besiedelt.

7 Whangaroa Harbour

Die bewundernden Blicke gelten dem Baum Tane Mahuta im Waipoua Kauri Forest

ℹ️ Praktische Hinweise

Schiff

Matauri Kat Charters, Matauri Beach, Kaeo, Whangaroa, Tel. 09/407 34 83. Tauchfahrten zur Rainbow Warrior und zum Takehe Riff.

Hotel

Kingfish Lodge, Kingfish Point, Whangaroa Harbour, Tel. 09/405 01 64, Fax 09/405 01 63, www.kingfishlodge.co.nz. Historische Lodge mit familiärem Ambiente, sehr beliebt bei Sportfischern.

8 Waipoua Kauri Forest

Jahrtausendealte Baumriesen vereinen ihre Kronen zu einer Kathedrale des Waldes.

Über den Highway 12 erreicht man von der Bay of Islands im Osten oder von Dargaville im Süden den 90 km² großen Waipoua Kauri Forest an der Westküste, Überrest der Wälder, die vor Ankunft der Weißen das gesamte Northland bedeckten. Einige Kilometer nördlich des ausgeschilderten *Waipoua Forest Visitor Centre* führt ein 100 m langer Pfad vom State Highway 12 zu **Tane Mahuta**, dem ›Gott der Wälder‹. Diesen Ehrennamen erhielt Neuseelands bekanntester, 1200 Jahre alter und gut 50 m hoher Kauririese mit 14 m Stammumfang. Noch fast 1000 Jahre älter und 2 m beleibter ist der 300 m entfernte **Te Mahuta Ngahere**, der nur geringfügig kleinere ›Vater des Waldes‹.

9 Kaitaia und Ninety Mile Beach

Tor zum Far North und zu einem Strand, der an Schönheit seinesgleichen sucht.

Seine Entwicklung verdankt das 1830 von Missionaren gegründete Kaitaia der Ansiedlung von *Gum Diggers*. Sie gruben im Umland aus Hügeln und Sümpfen das fossile Kauriharz, das in Europa als Grundlage für Lacke begehrt war.

Heute ist die Kleinstadt in erster Linie als Ausgangspunkt für Fahrten in den Far North, die Spitze des Northlands, von Bedeutung. Einen kurzen Besuch lohnt aber das **Far North Regional Museum** (Mo–Fr 10–16 Uhr, http://farnorthmuseum.co.nz) in der South Road wegen seiner Sammlung polierten Kauriharzes. Wichtigstes Exponat ist jedoch ein kleines, eher unscheinbares Kanu, das als älteste bekannte Schnitzarbeit der Maori gilt.

TOP TIPP **Ninety Mile Beach** ist Neuseelands längster, einsamster, bis 200 m breiter Strand und entgegen seinem Namen ›nur‹ 89 km lang. Von der Brandung der Tasman Sea bespült, flirrend heiß im Sommer und oft in aufgewirbelte Sandwolken gehüllt, nimmt er die Westküste der Far North-Halbinsel ein. *Desert Coast* nannte James Cook den wüstenhaften, menschenleeren Landstrich, verständlich, wenn man etwa die 150 m hohen Sanddünen an den Ufern des **Te Paki Stream** sieht. Der vielfach verzweigte ›Flusslauf‹ führt bis zu 6 km ins Inland, ist aber höchstens 4–5 cm tief. Vor allem junge Besucher vergnügen sich gern damit, die Dünen mit sog. **Sandboards** hinunterzugleiten; zur Not tut es freilich auch eine Plastiktüte als Untersatz.

Geländegängige **Ausflugsbusse** befahren von Kaitaia oder dem 14 km westlicheren Ahipara aus den fast schnurgeraden Sandstrand in seiner ganzen

10 Cape Reinga

Der beständig wehende Wind häuft den feinen hellen Flugsand des Ninety Mile Beach bei Te Paki zu meterhohen Dünen auf, die sich weit ins Innere der Halbinsel erstrecken

Länge. Selbstfahrern ist diese Route wegen des schwierigen Geländes nicht zu empfehlen. Vermieter geländegängiger Wagen mit Vierradantrieb raten, die vom SH 1 abzweigenden Zufahrten zum Strand nach *Waipapakauri Ramp* und *Hukatere Hill* zu benützen. Der SH 1 zieht sich von Kaitaia inmitten der nur rund 15 km breiten Halbinsel 90 km nach Norden.

Praktische Hinweise

Information

VIC Far North, Jaycee Park, South Road, Kaitaia, Tel. 09/408 08 79, Fax 09/408 25 46, www.northlands.com

Bus

Sand Safaris, 221 Commerce Street, Kaitaia, Tel. 09/408 17 78, www.sandsafaris.com. Ausflüge zum Ninety Mile Beach bis zum Cape Reinga.

Hotel

**Taharangi Marie Lodge, 700 Sandhills Road, Ninety Miles Beach, Kaitaia, Tel. 09/406 74 62, Fax 09/408 30 85, www. 90mile.co.nz. Einsame Luxuslodge in den Dünen in herrlicher Panoramalage.

10 Cape Reinga

Leuchtturm auf stürmischem Kap.

Den Maori ist die äußerste Spitze der Nordinsel heilig, denn über die steilen Klippen der von Cape Reinga nach Osten ausschwingenden **Spirits Bay** kehren gemäß ihrer Mythologie die Seelen der Verstorbenen zur legendären Heimatinsel Hawaiki zurück. Trotzdem geht es am Kap touristisch zu, auch wenn der

Unglaublich, aber wahr: am Leuchtturm von Cape Reinga ist die Welt noch nicht zu Ende

Aotearoa spezial

Einige der wichtigsten Begriffe der Maorigesellschaft sind:

Haka: Kriegstanz mit Schreien und Drohgebärden (rollende Augen, herausgestreckte Zunge). Neuseelands Rugby-Nationalmannschaft, die All Blacks, nutzen den Chorgesang des Tanzes zur Einstimmung auf wichtige Spiele.
Hangi: Über Glut und Dampf im Erdofen gegartes Festessen [s. S. 129].
Hapu: Zusammenschluss von Großfamilien mit gemeinsamen Vorfahren.
Hongi: Gruß, bei dem die Nasen kurz und sanft aneinander gepresst bzw. gerieben werden.
Karakia: Religiöse Rezitationen zur Herstellung einer Einheit mit dem zur Hilfe angerufenen Gott.
Mana: Spirituelle Autorität, Ehre, Prestige Einzelner; geistige Kraft, die jedem Wesen und Ding innewohnt.
Marae: Versammlungsplatz, das Herz einer Maorisiedlung. Im heiligen Versammlungshaus, Whare Whakairo oder Runanga, wohnen die Ahnengeister und das Mana des Stammes. Das u. a. mit geschnitzten Stammbäumen ausgestattete Innere ist ein Ort der Ahnenverehrung, Lebenskraft, Spiritualität, Freundschaft und Sippe. Hier werden alle Feste des Lebens und des Todes gemeinsam gefeiert.
Maui: Kulturvermittelnder Halbgott der Maorimythologie. Er brachte das Feuer und verlangsamte den Lauf der Sonne. Als Maui für die Menschen Unsterblichkeit erlangen wollte, zerschmetterte ihn die Göttin des Todes.
Mauri: Lebensatem, der alles Beseelte erfüllt und mit dem Tod erlischt.
Moko: Tätowierungen als Statussymbol und Schmuck. Heute hauptsächlich

›Nasenkuss‹ nannten frühe Forscher das Hongi, die traditionelle Maoribegrüßung

an Oberkörper und Armen, mitunter an Kinn und Lippen.
Pa: Durch Palisadenzäune befestigtes Dorf an schwer zugänglichem Ort, meist auf einem Hügel.
Tapu: Heilig, verboten. Tapus werden von einem Priester ausgesprochen. Die Götter – so der Glaube – strafen eine Übertretung noch im Diesseits.
Tiki (Heitiki): Amulette aus Holz oder Jade, die eine stilisierte menschliche Figur, häufig einen Ahnen, zeigen.
Tohunga: Einflussreicher Stammespriester, dem übernatürliche Kräfte zugeschrieben werden.
Tukutuku: Wandschmuck in den Versammlungshäusern, aus Flachs gewebt und mit geometrischen Ornamenten bemalt.
Utu: Prinzip der Gegenseitigkeit – gilt für Geschenke, aber auch im vergeltenden Sinn von Zorn, Hass, Blutrache.

SH 1 wenige Kilometer vor dem Ziel in eine unasphaltierte Piste übergeht. Der Leuchtturm **Cape Reinga Lighthouse** selbst steht 164 m über dem Meeresspiegel. Vor allem kurz vor Sonnenuntergang bietet sich Besuchern von hier ein ungemein plastisches Bild der klippenreichen Küste. Im Westen sieht man das felsige *Cape Maria van Diemen*, im Osten das *North Cape*. Im Norden, wo sich die verschiedenfarbigen Wasser von Tasman Sea und Pazifik mischen, liegen – meist nur als Schatten auszumachen – die *Three Kings Islands*.

Praktische Hinweise

Hotel
**Pukenui Lodge Motel, Main Road, Pukenui, Houhora, Tel. 09/409 88 37, Fax 09/409 87 04, www.pukenuilodge.co.nz. Neuseelands nördlichstes Motel und Hostel liegt in einem subtropischen Garten unweit des weiten 90 Mile Beach.

Coromandel Peninsula und Eastland – Küste der aufgehenden Sonne

Im Osten schirmt **Coromandel Peninsula** die Wasser des Hauraki Gulf zum Pazifik hin ab. An der Auckland gegenüber liegenden Küste geht dichtes Buschland, von gezackten Bergketten steil abfallend, in die **Pohutukawa Coast** mit ihrer weihnachtlich roten Blütenfülle über. An der Ostküste der Halbinsel formieren sich zwischen Whitianga und Pauanui schöne **Badebuchten**, in denen der Sand rosa schimmert und bizarre Felsformationen wie unaufgeräumtes Riesenspielzeug im Wasser liegen. Daran schließen sich die weichen Rundungen der Eastland-Küste entlang der von Captain James Cook so benannten **Bay of Plenty** an, der ›Bucht des Überflusses‹, mit fruchtbarem Gartenland bei Tauranga. Dem setzt das **East Cape** steile Felsklippen, einsame Strände und meerdurchtoste Buchten entgegen, ehe **Gisborne** einen städtischen Schlusspunkt bildet.

11 Thames

Erinnerungen an Goldrausch-Zeiten.

Das Hafenstädtchen Thames nahe der Mündung des Waihou River in den Firth of Thames träumt vergangenen Tagen nach. Die einst großen Kauriwälder ringsum und Goldfunde in den nahen Bergen machten es im 19. Jh. als Tor zur Coromandel bekannt. 1875 zählte man 20 000 Einwohner, ein Heer von Prospektoren, 90 Hotels, fast ebensoviele obskure Saloons und finstere Spielerkneipen. 1910, nach dem Ende des Booms, blieb eine verschlafene, in Hafenareal und Goldgräberviertel zweigeteilte Kleinstadt zurück.

Die Atmosphäre dieser früheren Blütezeit spiegeln die Hauptstraßen *Pollen Street* und *Queen Street* mit einigen schönen Holzhäusern, Antiquitätenläden und Pubs wider. Einen Rückblick auf die turbulenten Jahre bieten Ecke Pollen und Cochrane Street die Exponate, darunter alte Fotografien, des **Thames Historical Museum** (tgl. 13–16 Uhr). Einige Häuser weiter zeigt das **Mineralogical Musem** (tgl. Nov.–Ostern 10–16, sonst Mi–So 11–15 Uhr, Tel. 07/868 62 27) in den Gebäuden der ehem. *Thames School of Mines* eine umfangreiche Sammlung von Fossilien, Mineralien und Halbedelsteinen, vor allem Amethyste und Quarzkristalle.

Die Praxis der Goldgräberei macht eine Führung durch die Bergwerksstollen der 1910 geschlossenen **Thames Gold Mine** (SH 25 Ecke Moanataiari Road, sommers tgl. 10–16 Uhr, bei Unterhaltarbeiten eingeschränkte Öffnungszeiten, Tel. 07/868 35 14, www.goldmine-experience.co.nz) wieder lebendig. Sogar eine *Stamper Battery* ist noch funktionstüchtig, die mit viel Getöse die goldhaltigen Quarzsteine zerkleinerte.

Ausflüge

Alles Wissenswerte über Kauribäume und -dämme, Flutbecken, die Arbeit der Holzfäller und die ebenso tragische wie unüberlegte Abholzung der Wälder im 19. Jh. erfährt man bei einer Wanderung durch den regenerierenden Buschwald im **Kauaeranga Valley** ca. 13 km südöstlich von Thames. Das *DOC Visitor Centre* an der Kauaeranga Valley Road (Mo–Fr 8–16 Uhr, Tel. 07/867 90 80) zeigt eine informative Diaschau und gibt Auskünfte über Hütten und Campingmöglichkeiten im Waldgebiet.

🛈 Praktische Hinweise

Information

VIC, 206 Pollen Street, Thames, Tel. 07/868 72 84, Fax 07/868 75 84, www.thamesinfo.co.nz

Hotel

**Seaspray Motel, 613 Thames Coast Road, Waiomu Bay (knapp 15 km nördl.

Thames

Nur noch Zentimeter bis zum Ziel – der Gipfel der Pinnacles-Felsnase belohnt wackere Kletterer mit einem weiten Ausblick über das üppig grüne Kauaeranga Valley östlich von Thames

von Thames, kurz vor Tapu), Tel./Fax 07/868 28 63, www.seaspraymotel.co.nz. Direkt am Strand der malerischen Waiomu-Bucht. Ideal für Bootsurlaube.

Restaurant
Sealey Cafe, 109 Sealey Street, Thames, Tel. 07/868 86 41. In der gemütlichen alten Villa werden ausgezeichnete Muschelgerichte serviert.

Coromandel

Ruhige Buchten und alternativer Lebensstil.

Nördlich von Thames verläuft der schmale, kurvenreiche *Pacific Coast Highway* nahe der Küste, führt vorbei an malerischen Buchten, Stränden und Fischerdörfern. Im Dezember blühen hier die vielen Pohutukawa-Bäume an der nach ihnen benannten **Pohutukawa Coast** (www.pohutukawacoast.co.nz) besonders farbintensiv in leuchtendem Rot.

Nach 55 km erreicht die Straße den Ort Coromandel, der – wie die ganze Halbinsel – seinen Namen nach der 1820 in der hiesigen Bucht ankernden *HMS Coromandel* erhielt. Falls möglich sollte man spätnachmittags ankommen, wenn sich das Wasser des Hafens tiefblau wie Tinte färbt und die vorgelagerte **Whanganui Island** mit den letzten Sonnenstrahlen einen rot-goldenen ›Heiligenschein‹ bekommt.

Im Sog der Goldfunde im nahen *Driving Creek* Mitte des 19. Jh. rasch aufgeblüht und nach wenigen Jahrzehnten wieder verlassen, strahlt das heute kleine Coromandel Ruhe und Weltferne aus. Zu mächtig scheinen die viktorianischen Bauten auf der *Kapanga Road*, melancholisch die leicht verstaubten Exponate und Steinesammlung des **Coromandel Historical Museum** (tgl. im Sommer 10–12 und 14–16 Uhr) in der Ring's Road.

Der verschlafene Ort zieht seit Jahren alternative Künstler an. Umweltschützer und Töpfer Barry Brickell baute ab 1974 3 km nördlich des Ortes die ursprünglich zur Güterbeförderung gedachte Schmalspureisenbahn **Driving Creek Railway** (Abfahrt tgl. 10 und 14 Uhr, im Sommer auch 16 Uhr, Tel. 07/866 87 03). Der kühn angelegte, 38 cm breite Schienenstrang führt 5 km weit über atemberaubende Viadukte und Brücken aus Kauriholz, an ungewöhnlichen Tonplastiken des Künstlers vorüber, und schiebt sich durch beeindruckende Tunnel aus Riesenfarnen.

Ausflug
Von Coromandel gelangt man über eine schmale, nur bis Colville geteerte Nebenstraße zur 62 km entfernten *Fletcher Bay* am Nordende der Halbinsel. Höhepunkt für Naturfreunde ist der hier beginnende **Coromandel Coastal Walkway**, der in 1–2 Tagen entlang der Küste um die Halbinselspitze zur *Stony Bay* führt. Unterwegs sieht man steile Felsklippen, dichten

Busch mit Nikaupalmen und Baumfarnen, Seevögel und im Meer Delphine. An klaren Tagen lohnt der Aufstieg zum Gipfel des 891 m hohen *Mount Moehau*. Die Wanderung auf windumtosten Pfaden wird durch einen fantastischen Ausblick über die gesamte Halbinsel und den Hauraki Gulf bis nach Auckland belohnt.

Praktische Hinweise

Information
VIC, 355 Kapanga Road, Coromandel, Tel. 07/866 85 98, Fax 07/866 85 27, www.coromandeltown.co.nz

Schiff
Kawau Kat Ferry Service – Coromandel Ferry, Tel. 09/379 00 66, www.360discovery.co.nz. Do–So Auckland Pier 4 – Coromandel, Hannaford's Wharf (kostenloser Shuttle Bus), mit Stopps in Orapiu/Waiheke Island. Ende Dez.–Anf. Febr. tgl., sonst Do–So.

Hotels
***Admirals Arms Hotel**, 146 Wharf Rd, Coromandel, Tel. 07/866 82 72, Fax 07/866 82 72. Renoviertes historisches Haus mit Blick auf Coromandel Harbour.

****Pohutukawa Coast Chalets**, Colville Road, Papa Aroha (15 km nördlich von Coromandel), Tel. 07/866 83 79, Fax 07/866 83 89, www.pohutukawachalets.co.nz. Fünf kleine Chalets an der Küste. Ideal für Angelfreunde.

Restaurant
TOP TIPP **Pepper Tree**, 31 Kapanga Road, Coromandel, Tel. 07/866 82 11. Hervorragende Meeresfrüchte. Austern, Langusten und andere, stets frische Leckereien von den Farmen vor der Küste werden im Sommer im Freien unter dem mächtigen Pfefferbaum serviert.

13 Whitianga

Exzellente Region für Wassersport.

Der SH 25 führt von Coromandel kurvenreich durch das Bergland der **Coromandel Range** an die Ostküste der Halbinsel. Ihr Herzstück ist der kleine Hafenort Whitianga am Eingang der tief ins Land einschneidenden **Mercury Bay**. Kupe, der legendäre Seefahrer, soll hier im Jahr 950 sein Kanu festgemacht haben. *Te Whitianga-a-Kupe*, ›Landeplatz des Ku-

Minenlampen und Vorderlader zählen zu den Schaustücken des Historic Mining Museum

pe‹ nannten Maori daher den Küstenstreifen. Der englische Name geht auf James Cook zurück, der am 5. November 1769 in der Bucht ankerte, um von hier aus zu beobachten, wie sich der Planet Merkur vor die Sonne schob.

Whitianga, im 19. Jh. ein bedeutender Ausfuhrhafen für Kauriholz, ist heute ein beliebter **Ferienort**. Lebhaft geht es um *Whitianga Wharf* zu. Hier ankern Fähren, dümpeln Jachten und Charterboote. Ro-

Anlegeplätze für mehrere hundert Boote bietet die großzügige Marina von Whitianga

13 Whitianga

Wer am Hot Water Beach der Mercury Bay eine Grube gräbt, legt sich gerne selbst hinein

buste Trawler mit erfahrenen Skippern warten auf Gäste, die zur Hochseejagd auf Marline, Thunfische und Haie ausfahren. Daneben, am breiten und 4 km langen **Buffalo Beach**, herrscht im Dezember Hochbetrieb. Wer genug hat vom Schwimmen, Surfen oder Tauchen kann auch Reiten oder Fahrrad fahren. Oder bei *Bay Carving* (The Esplanade, Tel.07/866 40 21) einmal selbst einen original *Toanga*, einen ›Schatz‹ in traditioneller Maori-Form als Angelhaken, Spirale oder Manaia aus Knochen schnitzen.

Ausflüge

Gegenüber von Whitianga Wharf, jenseits einer Engstelle der Bucht, liegt an ihrem südlichen Ufer **Ferry Landing**. Autofahrer erreichen den Landesteg, indem sie den Südarm des Whitianga Harbour auf dem SH 25 umrunden. Ferry Landing ist Ausgangspunkt einer auch von Minibussen befahrenen schmalen Straße, die Whitiangas schöne, eigenwillige Südstrände miteinander verknüpft.

In Cooks Fußstapfen wandert man auf dem weißen feinsandigen **Cooks Beach** in einer Ausbuchtung der Mercury Bay. Von Muschelschalen rosarot und zartviolett gefärbt, schimmert weiter östlich **Hahei Beach**. Von hier fahren Boote zu den Tauchgründen der vorgelagerten *Hahai Marine Reserve*, zu bizarren Felsformationen vor der Küste und zur **Cathedral Cove**. Dieser beeindruckende, von der Meeresbrandung im Kalkstein ausgewaschene Durchgang, dessen Bogenform an eine Kathedrale erinnert, ist bei Ebbe zu Fuß erreichbar.

Top Tipp Geothermische Extravaganz machte **Hot Water Beach** 7 km südlich von Hahei berühmt. Am Strand findet man bei Ebbe unterirdische heiße Thermalquellen dicht unter der Oberfläche. Besucher schaufeln kleine Pools in den Sand, die sich rasch mit warmem Wasser füllen – und genießen diese Naturbadewannen.

Praktische Hinweise

Information

VIC, 66 Albert Street, Whitianga, Tel. 07/866 55 55, Fax 07/866 22 05, www.whitianga.co.nz

Schiffe

Blue Boat Cruises, Whitianga Wharf, Tel. 07/866 55 55 (VIC) oder Schiffstel. 027/439 88 19, www.whitianga.co.nz/blue boat. Kreuzfahrten nach Cooks Beach, Hahei, Cathedral Cove und Marine Reserve, tgl. 10, 14 und 17 Uhr.

Whitianga Water Transport, Whitianga Wharf, Whitianga, Tel. 07/866 54 72, www.whitiangaferry.co.nz. Personenfähre zum gegenüberliegenden Ferry Landing, tgl. ab 7.30 Uhr.

Hotels

*****Mercury Bay Beachfront Resort**, 111–113 Buffalo Beach Road, Whitianga, Tel. 07/866 56 37, Fax 07/866 45 24, www.beachfrontresort.co.nz. Modern ausgestattete Apartments direkt am Strand. Verleih von Kajaks, Dingis und Angelausrüstung.

***Puka Park Resort**, Mount Ave., Pauanui Beach, Tel. 07/864 80 88, Fax 07/864 81 12, www.pukapark.co.nz. Wunderschöne Anlage mit 48 zauberhaft gelegenen luxuriösen Bungalows mitten im Regenwald, 5 Min. vom Strand. Preisgekrönte Küche.

Restaurants

Doyle's Restaurant, 21 The Esplanade, Whitianga, Tel. 07/866 52 09. Riesiges, täglich frisches Angebot an Meeresfrüchten. Vorzüglich schmeckt *Mussel chowder*, eine sämige Muschelsuppe.

On the Rocks, 20 The Esplanade, Whitianga, Tel. 07/866 48 88. Lokal an der Uferpromenade. Man koste gegrillten *Mahi Mahi* mit Sommergemüse und Crayfish-Butter-Sauce.

14 Tauranga

Charmante Stadt in einer Wasserlandschaft.

Wasser ist in Tauranga überall. Unmittelbar vor dem Hafen liegt *Matakana Island*, daher ist **Tauranga Harbour** nur über enge Passagen mit dem Pazifik verbunden; landwärts verästelt er sich in viele kleine Buchten. Er ist jedoch gemeinsam mit dem des Nachbarortes Mount Maunganui Neuseelands wichtigster **Exporthafen** für Obst und Holz.

Tauranga wurde Anfang des 19. Jh. auf **Halbinseln** erbaut, die durch Brücken miteinander verbunden sind. Selbst das *City Centre* liegt auf einem schmalen, im Osten von Waimapu Estuary, im Westen von Waikareao Bay begrenzten Landstreifen und ist nur wenige lang gezogene Straßenzüge breit. Lebhafter Treffpunkt ist die hübsch modernisierte und revitalisierte Promenade *The Strand*, an der Cafés und Restaurants prächtige Ausblicke auf den Hafen bieten. Am zentral gelegenen **Coronation Pier** legen die Ausflugsboote und Fähren nach Mount Maunganui ab.

Die größte Attraktion der Stadt ist das ehem. **Historic Village** in der 17th Avenue. Einst dienten die 85 nachgebauten und restaurierten Gebäude aus der Kolonialzeit als Freiluftmuseum, heute betreiben hier noch etliche Künstler und Handwerker Ateliers und Werkstätten.

Ausflüge

Ein Abstecher führt über die mautpflichtige *Harbour Bridge* in die Nachbarstadt **Mount Maunganui** zu Füßen des gleichnamigen, 232 m hohen Vulkankegels. In unmittelbarer Nachbarschaft locken die kilometerlangen pazifischen Sandstrände *Ocean Beach* und *Papamoa Beach*.

An der Bay of Plenty verbringt die Jugend ihre Freizeit meist an einem der vielen Strände

Kiwis wohin man schaut

Die Maori erzählen, dass Tane, der Gott der Wälder, als ersten Vogel den Kiwi erschuf. Seit über 100 Mio. Jahren watschelt der nachtaktive **Schnepfenstrauss** breitbeinig durch Neuseelands dichte Farnwälder und einsame Sümpfe. Schön kann man Kiwis nicht nennen: Die scheuen Tiere sind braun gestreift, dicklich, plump und eher borstenhaarig als gefiedert. Sie haben winzige unnütze Flügel, schlitzförmige Nasenlöcher am überlangen schmalen Schnabel, kleine halbblinde Augen und vergleichsweise große Ohren. Nur bei Dunkelheit erwachen sie zu geschäftigem Leben und geben schnarrende Töne von sich, die wie ›K(i)wii‹ klingen. Leider gingen die Bestände seit Ankunft der Menschen beständig zurück, sodass der scheue Insektenfresser heute unter strengem Artenschutz steht. In seiner Einzigartigkeit wurde der Kiwi sogar zu Neuseelands inoffiziellem **Nationalsymbol** und in humorvoller Anspielung auf ihr Wappentier nennen sich die **Neuseeländer** selbst ebenfalls ›Kiwis‹.

Die Bereitschaft zur Umbenennung traf auch die aus China stammende Pflanze **Yang gao**. Zwar priesen Poeten die schönen weißen Blüten, doch die Früchte selbst waren optisch reizlos, braungrün und haarig. ›Chinesische Stachelbeere‹ nannte man sie bei ersten Anbauversuchen an der neuseeländischen Bay of Plenty. Erst als es dem Züchter Hayward Wright Anfang des 20. Jh. gelang, die unscheinbare vitaminreiche Frucht zu ihrer heutigen Form zu entwickeln, suchte man zur Markteinführung einen landestypischen Namen – und die **Kiwi** war geboren!

Hecken in geometrischen Reihen überziehen die Landschaft bei **Te Puke**, 30 km südöstlich von Tauranga. Die ›grünen Zäune‹ dienen als Windschutz für die rasch wachsenden Kiwi-Reben, die an Spalieren in die Höhe ranken, um schließlich selbst ein grünes Dach zu bilden. Aus dem Anbaugebiet, das sich *Kiwifruit Capital of the World* nennt, stammen etwa ¾ aller neuseeländischen Kiwi. Zur Erntezeit im Mai werden bis zu 10 000 Helfer beschäftigt. 5 km östlich des Städtchens erweist sich die Plantage **Kiwi 360** (tgl. 9–17 Uhr, www.kiwi360.com) als touristischer Magnet – eine Art Disneyland zu Ehren der Nationalfrucht mit einem als Riesenkiwi ummantelten *Aussichtsturm* und Wägelchen in Fruchtform, die Besucher durch Plantagen fahren.

Praktische Hinweise

Information
VIC, 95 Willow Street, Tauranga, Tel. 07/578 81 03, Fax 07/578 70 20, www.visitplenty.co.nz

Hotel
TOP TIPP *******Cassimir Lodge Retreat**, 20 Williams Road (RD 3), Pyes Pa (südlich von Tauranga), Tel. 07/543 20 00, Fax 07/543 19 99, www.cassimir.co.nz. Luxuriöse schlossähnliche Lodge im Grünen; ideal für Ausflüge an die Küste und nach Rotorua.

****Hotel on Devonport, 72 Devonport Road, Tauranga, Tel. 07/578 26 68, Fax 07/578 26 69, www.hotelondevonport.nez.nz. Edles Boutiquehotel in der City.

Restaurant
The Lobster Club, 1001 Harbour Bridge, Tauranga, Tel. 07/574 41 47. Ein doppelter Genuss: Frischer Hummer auf dem Teller, Meer und Boote vor Augen.

15 Whakatane

Wo eines der ersten Maorikanus landete.

Weit und hell ist der Landstrich an der östlichen *Bay of Plenty*. Er beginnt etwa bei Whakatane an der Mündung des gleichnamigen Flusses. Whakatane ist eine industrielle und wegen ihrer schönen Strände und fischreichen Angelreviere touristische Kleinstadt mit einem lebhaften Naturhafen. Gleichzeitig ist der Ort fest in der Geschichte der Maori verankert. Ihrer Überlieferung nach landete etwa um 1350 an diesem fruchtbare Landstrich das Kanu **Mataatua** aus Hawaiki. Doch während die Männer die küstennahe Rangitaiki-Ebene erforschten, driftete das Boot samt den an Bord gebliebenen Frauen und Kindern ab. Häuptlingstochter Wairaka rettete alle, indem sie mit dem Ausruf »Kia Whakatane au i ahau«, »Wie ein Mann will ich handeln«, wieder ans Ufer paddelte. Heute ehrt ihre Statue in Bronze auf einem Küstenfelsen bei **Whakatane Heads** diese Tat.

An die Ursprünge der Siedlung erinnert **Pohaturoa Rock** in einem kleinen Park im Stadtzentrum Ecke The Strand und Commerce Street, der noch heute unter *Tapu* (›Tabu‹) steht. An dieser Stelle wurden sakrale Stammesriten zelebriert und wichtige Entscheidungen getroffen. Das Modell des Ahnenkanus Mataatua neben dem Fels ist Symbol für die Wurzeln der hiesigen Maori. Ihr kunsthandwerkliches Geschick kann man anhand von Schnitzereien und bei Vorführungen im **Whakatane District Museum** (Mo–Fr 10–16.30, Sa/So 11–15 Uhr) in der Boon Street bewundern.

TOP TIPP White Island

50 km vor der Küste von Whakatane hüllt stets eine große Dampfwolke die Insel mit Neuseelands einzigem vom Meer umgebenem aktivem **Vulkan** ein. Die drei Vulkankegel der ›Weißen Insel‹ *Whakaari* gipfeln im 320 m hohen *Mount Gisborne*. Eine gewaltiger Ausbruch zerstörte 1914 die Ostflanke des Berges und eine dortige Schwefelmine. Noch heute dampft ein Krater und neigt zu kleineren Ausbrüchen, es gibt heiße Quellen und blubbernde Schlammtümpel. Nur eine **Tölpelkolonie** bevölkert die seit 1935 unter Naturschutz stehende Privatinsel.

ℹ Praktische Hinweise

Information

VIC, Quay Street, Whakatane, Tel. 07/308 60 58, Fax 07/308 60 20, www.whakatane.com

Fischen und Tauchen

Diveworks Charters, 86 The Strand, Whakatane, Tel. 07/308 58 96, www.diveworks-charters.com. Schnellbootausflüge, Angeln und Harpunentauchen.

White-Island-Ausflüge

Air Discovery, 224 Aerodrome Road, Whakatane, Tel. 07/308 77 60 bzw. 08 00/53 53 63, www.airdoscovery.co.nz. Rundflüge, u. a. über White Island.

Vulcan Helicopters, Whakatane Airport, Whakatane, Tel. 07/308 41 88 bzw. 08 00/80 43 54, www.vulcanheli.co.nz. Helikopterflüge mit Landung auf dem Vulkan.

White Island Tours, 15 The Strand, Whakatane, Tel. 07/308 95 88, 08 00/73 35 29, www.whiteisland.co.nz. Mit einem Pee-Jay-Boot von Whatane Wharf zur Insel.

Die beständig aus dem Vulkan aufsteigende Dampfwolke gab White Island seinen Namen

16 Opotiki und East Cape

›Der Weg zum Sonnenaufgang‹ – kurz vor Opotiki weisen Schnitzereien von Heke Collier den Weg zum East Cape im ›wilden Osten‹

Strände, Buchten, unberührte Natur und Ahnengeisterfiguren prägen das Ambiente.

Die nahen, sonnenverwöhnten Surfstrände *Waiotahe Beach* und *Tirohanga Beach* geben Opotiki, dem ›Tor zum East Cape‹ 52 km östlich von Whakatane, den Anstrich eines **Ferienortes**. Zum sommerlichen Freizeitangebot gehören Schwimmen, Trekking, Kanu fahren, Fischen, Jagen und Mountainbike-Trips in den Urwald am östlich mündenden Motu River. In dem Küstenstädtchen grüßt man sich morgens auf Maori mit ›Ata marie‹. Manche Bewohner tragen das *Moko*, die traditionelle Gesichtstätowierung und Schulkinder lernen die alten Tänze. In Opotiki, schon vor der Ankunft der Pakeha ein dicht besiedeltes Zentrum der Ureinwohner, beträgt der Anteil der **Maoribevölkerung** heute fast 50 %.

Am westlichen Ortsrand liegt die **Church of St. Stephen the Martyr**. Erbauen ließ sie 1864 der deutsche Lutheraner *Carl Sylvius Volkner*. Ein Jahr nach ihrer Fertigstellung wurde Volkner als angeblicher Regierungsspion von *Hau-Hau*, Mitgliedern einer kriegerischen, gegen die Pakeha gerichteten Maoribewegung mit skurril religiösen Motiven, auf grausame Weise getötet. Ihr Prophet Te Uma Haumene, visionär im Bunde mit Erzengel Gabriel, versprach den Kämpfern bei absoluter Glaubensstärke Unver-

Hotel
****Pacific Coast Motor Lodge**, 41 Landing Road, Whakatane, Tel. 07/308 01 00, Fax 07/308 41 00, www.pacificcoast whakatane.co.nz. Modernes komfortables Motel mit Spa-Pools.

Restaurant
Global, Ecke The Strand/Commerce Street, Whakatane, Tel. 07/308 90 00. Eine Spezialität des Hauses ist gegrillter *Crayfish* (Languste) mit Scampi-Butter

Weit sieht man vom Leuchtturm am East Cape aus über das Land der Morgensonne

Kinder des Meeres

Nichts ist festgeschrieben: Die Geschichte der **Maori** besteht aus Legenden, Mythen und mündlichen Überlieferungen, die von Generation zu Generation weitergegeben werden. Fischer Kupe und seine Frau, erzählt man, segelten um 950 von der sagenhaften polynesischen Insel **Hawaiki** aus auf ›den Flügeln des Windes‹ in die ungewisse Wasserwüste des südwestlichen Pazifik. Nach Wochen ›zwischen Ewigkeiten und Zugrundegehen‹ entdeckte Kupe eine lang gezogene Wolkenformation über einem Land, das größer war, als alle Inseln, die er bisher angesteuert hatte. **Aotearoa** nannte es die Gattin, **Land der langen weißen Wolke**. Kupe erkundete Teile der Inseln, kehrte nach Hawaiki zurück und berichtete von seiner Entdeckung. Es dauerte aber noch Generationen, ehe sich ein Teil der Bevölkerung Polynesiens in großen, offenen Doppelrumpfkanus, mit Taro- und Kumarapflanzen, Hunden und Ratten im Gepäck aufmachte, um Kupes Spuren tausende Kilometer weit über den Stillen Ozean zu folgen. Der Überlieferung nach landeten mehrere **Ahnenkanus** an den

Kriegerische Drohgebärden beim Haka

verheißungsvollen Küsten der beiden Inseln. Ahnenverehrung spielte in der animistischen Religion der frühen Maori eine wichtige Rolle, und auch heute noch kommen in den **Marae**, den kunstvoll geschnitzten Versammlungshäusern, nicht nur die Lebenden sondern auch die Geister der Toten zu Beratungen zusammen. Auch der Maoribegriff **Tapu**, von dem unser ›Tabu‹ abgeleitet ist, hängt mit Verpflichtung zwischen Menschen- und Geisterwelt zusammen, ebenso wie das **Mana**, die Lebenskraft in allen Wesen und Dingen.

wundbarkeit. Dem Todesurteil der Briten entgingen viele jedoch nicht. Das kleine **Opotiki Heritage and Agriculture Society Museum** (Dez./Jan. Mo-Fr 10–16, Sa/So 10–14 Uhr) im Zentrum informiert über die turbulente Geschichte der Region.

East Cape

An der Küstenstraße rund um die East Cape-Halbinsel wechseln helle Sandstrände mit bizarren Klippen und waldgesäumten Buchten, wie *Whanarua* und *Waihau Bay*. Kleine Maoridörfer im von der Regierung zurückgegebenen Stammesland der Ngati Porou träumen vor sich hin. Landeinwärts scheint das grüne Dickicht schier undurchdringlich. Ein Hauch Weltferne liegt über dem Ostkap, dem der Urwald der Raukumara Range und der vom ungestümen Motu River durchflossene **Raukumara Forest Park** urtümliche Wildheit verleihen.

Bei *Te Araroa* zweigt eine 16,5 km lange Nebenstraße zum Leuchtturm am **East Cape**, Neuseelands östlichstem Punkt, ab. Der mühsame Aufstieg zum 154 m hoch auf den Klippen gelegenen **Lighthouse** wird durch eine traumhafte Aussicht über die Steilküste und den gischtsprühenden Südpazifik belohnt.

Die Weiterfahrt im Hinterland der rauhen Felsen des East Cape rückt in **Tikitiki** die reich verzierte **St. Mary's Church** ins Blickfeld. Maori errichteten sie als eine der kunstvollsten Kirchen Neuseelands mit wunderschönen Schnitzarbeiten und Flachsflechtwerk zur Erinnerung an die Weltkriegstoten der *Ngati Porou*. Das Siedlungsgebiet des Stammes liegt schwerpunktmäßig etwas weiter südlich in **Ruatoria**. Hier drängen sich Impressionen von *Wild East* auf: tätowierte Frauen, Männer mit Rastalocken, Protest im Gesicht und Gehabe.

Viele Stätten in der Region sind den Maori seit alters her heilig und dürfen von Fremden nicht betreten werden. Besondere Bedeutung kommt dem 1754 m hohen **Mount Hikurangi** zu, dem ›Himmelsgipfel‹ in der östlichen Raukumara Range, den morgens die allerersten Son-

16 Opotiki und East Cape

Beim Treffen der Generationen werden Tradition und Selbstverständnis überliefert

nenstrahlen erreichen. Hoch über dem East Cape, dicht an der **Datumsgrenze**, beginnt jeder neue Tag; daher auch der Beiname *Sunrise Coast*.

Von Bucht zu Bucht schwingt sich die Küste von Tikitiki nach Süden, hier ist geradezu historischer Boden. In *Anaura Bay* landete Captain James Cook, in *Tolaga Bay* ergänzte er seine Wasservorräte, am Fuß des *Kaiti Hill* nahe dem heutigen Gisborne betrat er erstmals Neuseeland.

Praktische Hinweise

Information
VIC, St. John & Elliott Street, Opotiki, Tel. 07/315 30 31, Fax 07/315 30 32, www.opotiki.co.nz

Hotels
***Capeview Cottage**, Tablelands Road, Opotiki, Tel. 07/315 78 77, Fax 07/315 80 55, www.capeview.co.nz. Das kleine ländliche Holzhaus liegt inmitten eines blühenden Gartens.

****Kawakawa Hotel**, ab der SH 35, Moana Parade, Te Araroa, Tel. 06/864 48 09, Fax 06/864 44 64. NZs östlichstes Hotel, Ausgangspunkt zum East Cape-Leuchtturm.

Restaurant
Te Puna, Hicks Bay, bei East Cape, Tel. 07/864 48 62. Ideal für eine Rast unterwegs. Der Wildschweinbraten schmeckt im behaglichen Homestay vortrefflich.

17 Gisborne

Maoriarchitektur und hingebungsvoll gepflegte Erinnerungen an James Cook.

Geschützt vom 135 m hohen Kaiti Hill liegt Gisborne an der Mündung des **Turanganui River** in die Poverty Bay, eine hübsche sonnige Kleinstadt mit lebhaftem Zentrum zwischen Grey und Peel Street und vielen *Weingärten* im fruchtbaren Umland.

Am 7. Oktober 1769 sichtete Nicholas Young, der 12-jährige Schiffsjunge der *Endeavour*, strahlend weiße Klippen am südwestlichen Ende einer Bucht – das erste Stück Neuseeland. **Young Nick's Head** heißen die Felsen im Süden von Gisborne bis heute. Doch das Land war keineswegs unbewohnt: Captain James Cook entdeckte Ansiedlungen, Hütten, Kinder, Kanus. Als er sich bei seinem Landgang von einigen Einheimischen bedroht sah, ließ er Musketenschüsse abfeuern. Sechs Tote blieben zurück. Verärgert verließ er die Bucht und nannte sie **Poverty Bay**, ›Bucht der Armut‹, weil er seinen begehrten Proviant hier nicht bekommen konnte.

Am Ostufer des Turangie River erhebt sich der 135 m hohe Stadthügels **Kaiti Hill**, der auf Maori *Titirangi* heißt. Der Lookout knapp unterhalb seines Gipfels bietet eine schöne Aussicht auf die Stadt am Fluss und am Meer. Vom **James Cook Observatorium** auf der Höhe des Hügels kann man jeden letzten Mittwoch im Monat um 18.30 Uhr einen Blick in den südlichen Sternenhimmel werfen. Folgt man dem Queens Drive nordwärts am Hang von Kaiti Hill entlang, liegt am Fuß des Hügels die kleine *Toko Turu Tapu Maori Church* lauschig im Schatten hoher Bäume. Nebenan erbauten Maori 1925 das beeindruckende **Te Poho-O-Rawiri-Marae**. Die prächtigen Schnitzereien im Inneren des nach wie vor rege genutzten Versammlungshauses stammen aus dem Kunstzentrum Rotorua.

Reichhaltige Sammlungen zu Kultur und Historie von Maori und Siedlern an der East Coast findet man im **Tairawhiti Museum** (Mo–Fr 10–16, Sa 11–16, So/Fei 13.30–16 Uhr, Tel. 06/867 79 01, www.tairawhitimuseum.org.nz) in der Stout Street. Zur Anlage gehören auch das älteste Haus der Stadt, *Wyllie Cottage* von 1870, das ebenfalls historische *Lysnar House*

17 Gisborne

Eine Stimme geht um die Welt

Die von der britischen Königin Elizabeth II. 1982 mit dem Titel **Dame of the Empire** geehrte **Kiri Te Kanawa** wurde am 6. März 1944 in Gisborne an der neuseeländischen Poverty Bay als Tochter eines Maori und einer Pakeha geboren. Auch ihre Adoptiveltern waren unterschiedlicher Herkunft, die Mutter Irin, der Vater Maori. Die Grundlagen für ihre spätere Musikkarriere als **Sopranistin** legte Sister Mary Leo, Musiklehrerin an der katholischen Mädchenschule in Auckland.

Mit ersten Preisen und einem Stipendium der **Maori Trust Foundation** versehen, ging Kiri Te Kanawa 1965 nach London, studierte am dortigen Opera Centre, wurde 1970 Junior Member der **Royal Opera** und sang sich 1971 am Covent Garden mit der Rolle der Gräfin in der ›Hochzeit des Figaro‹ in die Herzen des Publikums und der Kritiker. Ab 1972 feierte sie mit großen Opernrollen von Mozart, Richard Strauss und Verdi Triumphe in den berühmtesten Opernhäusern der Welt. 1981 sang Te Kanawa zur Hochzeit von Prince Charles und Lady Diana in der Londoner St. Paul's Cathedral. Und 1984 besetzte sie Leonard Bernstein als ›Maria‹ bei seiner einzigen Studioeinspielung der West Side Story.

mit einer Kunstgalerie und das teilweise aus einem Schiffswrack erbaute *Star of Canada Maritime Museum* mit Exponaten zur Walfang- und Schifffahrtsgeschichte.

Praktische Hinweise

Information
VIC, 209 Grey Street, Gisborne, Tel. 06/ 868 61 39, Fax 06/868 61 38, www.gisbornenz.com

Hotel
******Portside Hotel**, 2 Reads Quai, Gisborne, Tel. 06/869 10 00, Fax 06/869 10 20, www.portsidegisborne.co.nz. Neues, mit viel Stilgefühl eingerichtetes Haus mit Blick auf den Innenhafen.

Restaurant
Wharf, On the Waterfront, Gisborne, Tel. 06/868 48 76. Die Schiffe im Hafen scheinen zum Greifen nah, ›Platter of fresh seafood‹ ist eine kongeniale Wahl.

Baywatch lässt grüßen – die Wasserwacht von Gisborne kämpft gegen die Brandung

Zentrum der Nordinsel – Wunderland aus Dampf und Feuer

Zwischen den Städten **Rotorua** und **Taupo** dampft die Erde, Schlammtümpel kochen, auf dem **Lake Rotomahana** ziehen schwarze Schwäne an rauchenden Klippen vorüber. Geysire sprudeln bei **Whakarewarewa** Heißwasser in die Luft, bei **Waiotapu**, den ›heiligen Wassern‹ zaubern Kieselerdeterrassen eine pittoreske Landschaft mit Seen und Wasserfällen in allen Regenbogenfarben. Im Süden prägen die aktiven **Vulkane** Ngauruhoe, Tongariro und Ruapehu das Bild. Dass die Schöpfungsgeschichte dieser instabilen Region noch nicht abgeschlossen ist, erfuhren die Städte **Napier** und **Hastings** an der Hawke Bay 1931, als sie bei einem Erdbeben zerstört wurden. Die Zentralregion der Nordinsel erschließen der SH 1 von Auckland nach Taupo und Turangi und der bei Tirau abzweigende SH 5 nach Rotorua und Napier.

18 Rotorua

Faszinierende Stadt zwischen Schwefelschwaden und Orchideengärten.

Tag für Tag pulsiert Rotorua, 234 km südlich von Auckland, wie im Fieber. Die schnell gewachsene Stadt (68 000 Einw.) am Südufer des **Lake Rotorua**, eingebettet in eine seen-, wald- und hügelreiche, von Vulkanen geformte Landschaft, immerfort nach Schwefel riechend, zuweilen von leichten Erdbeben geschüttelt, ist das **touristische Zentrum** im thermalen Wunderland der North Island.

Der Stamm der **Te Arawa** siedelte sich etwa um 1350 n. Chr. am Ufer des Lake Rotorua und auf der Insel Mokoia im See an. Die Kinder der Südsee erdachten romantische Legenden für die vulkanischen Inszenierungen der Erde, badeten im heißen Mineralwasser und nutzten den aus dem Boden aufsteigenden Dampf zum Kochen in Erdöfen. Das alte, lebendige Maoridorf **Ohinemutu** am Seeufer, nordwestlich des modernen Stadtzentrums, dem sich um 1868 eine Siedlung der Weißen beigesellte, ist die Keimzelle des heutigen Rotorua. Ab 1870 setzte, vorerst zaghaft, später vehement, die kommerzielle Ausbeutung der heilkräftigen **Schwefelquellen** ein, 1882 wurden die ersten Badehäuser eröffnet.

Ohinemutu ist ein guter Ausgangspunkt für einen Rundgang. Bescheiden sind hier die Holzhäuser, Dampf steigt aus Vorgärten und Rosenbeeten auf. Ins Auge springt das 1886/87 erbaute, nach dem Steuermann des legendären Kanus *Arawa* benannte **Marae Tama Te Kapua**. Die um 1880 wunderbar gearbeitete, 1941 renovierte Fassade leitet in einen Innenraum mit wertvollen alten und neueren Schnitzereien über. Täglich findet hier die Veranstaltung *Magic of the Maori* 20–21 Uhr mit Tänzen und Erzählungen statt.

Gegenüber steht die während des Ersten Weltkrieges im Tudorstil erbaute, von Maorikünstlern edel mit Schnitzereien und Flechtmatten ausgestattete **St. Faith's Anglican Church** (tgl. 8.30–17 Uhr). Auf einem der kunstvoll farbigen, dem See zugewandten Fenster der Seitenkapelle, ist Christus im zeremoniellen Federmantel eines Maorihäuptlings dargestellt. Schräg einfallendes Licht zaubert die Illusion, er wandle über Wasser.

Rotoruas modernes, quirliges **Zentrum** im Bereich Hinemaru, Fenton und Tutanekai Street südlich der Lakefront, weist eine Fülle von Hotels, Motels und Boutiquen von internationalem Zuschnitt auf. Beschaulicher, mit britisch

◁ *Faszinierende Gegensätze: Schnee bedeckt den Kraterrand des Mount Ruapehu* (**oben**), *smaragdgrüne Wasser verhalfen den Emerald Lakes zu ihrem Namen* (**Mitte**), *heißer Dampf hüllt das Dorf Ohinemutu bei Rotorua ein* (**unten**)

Rotorua

Junge Maorikünstler nahmen Einflüsse aus Übersee auf und setzten sie in ihre Bilder- und Formensprache um, wie man im Rotorua Museum of Art & History sehen kann

gepflegtem Rasen, präsentieren sich die **Government Gardens** am Seeufer. Blickpunkte im Park sind die 1908 erbauten **Tudor Towers**, das einstige exklusive *Bath House*, ein breitflächiger, dennoch zierlicher Fachwerkbau mit vielen Türmchen, dessen Badeeinrichtungen der Eleganz und dem Glanz europäischer Kuranstalten kaum nachstanden. Heute beherbergt er das **Rotorua Museum of Art & History** (tgl. 9–17, Okt–März bis 18 Uhr, www.rotoruamuseum.co.nz). In ihm sind Exponate zur Kulturgeschichte des Arawa-Stammes und eine audiovisuelle Dokumentation zum Ausbruch des nahen Vulkans Tarawera von 1886 zu sehen.

Südlich vom Bath House liegt in der Hinemoa Street das **Polynesien Spa** (tgl. 8–23 Uhr, www.polynesianspa.co.nz), eine moderne Kurbadvariante mit überdachtem Thermalwasserpool und vielen kleinen, unterschiedlich temperierten, teils felsgerahmten Pools unter freiem Himmel.

Von der Lakefront am nördlichen Ende der Tutanekai Street legen die Schiffe zu Seerundfahrten ab, bei denen sie auch **Mokoia Island** ansteuern, die heilige Insel der Te Araua und Schauplatz einer der meisterzählten Maorilegenden. Darin heißt es, den in Liebe entflammten Inselhäuptling *Tutanekai* trennte das tiefe Seewasser scheinbar ausweglos von dem an der Küste lebenden Mädchen *Hinemoa*. Doch es gab ein Happy End: sie band sich ausgehöhlte Kürbisse um den Körper und schwamm in die Arme des Geliebten.

Die Fachwerkfassade des Badehauses Tudor Towers verrät britische Vorbilder

Ausflüge

TOP TIPP 3 km südlich des Stadtzentrums am SH 5 liegt **Whakarewarewa**, salopp Whaka genannt. Der ›Sammelplatz der Krieger von Wahiao‹ ist ein Tal mit reicher geothermaler Aktivität. Es gehört größtenteils zum Kulturzentrum **Te Puia** (tgl. 8–18 Uhr, www.nzmaori.co.nz), dem

Entspannend und heilkräftig – Badefreuden unter freiem Himmel in den Warmwasserpools des Polynesia Spa am Ufer des Lake Rotorua

auch das **New Zealand Maori Arts & Crafts Institute** (tgl. ab 9 Uhr Führungen) angegliedert ist. Hier lernen junge Maori die Kunst des Holzschnitzens und Webens, nach der Tradition der Te Arawa und in modernen Stilen. Besucher dürfen zusehen und können in der Galerie kunstgewerbliche Arbeiten erwerben. Nebenan bietet das **Thermal Village** mit einem nachgebauten Maoridorf, Marae, Kriegskanu, Befestigungsanlagen und Palisaden einen interessanten Einblick in Baukunst und Handwerk. Im Versammlungshaus finden täglich um 10.15, 12.15 und 15.15 Uhr *Folkloreveranstaltungen* mit Tanz und Gesang statt. Die angebotenen Führungen führen auch in das **Kiwi House** und in die **Thermal Reserve**, in das eigentliche Tal unmittelbar hinter dem Dorf. Hier sieht man kochende Schlammtümpel, dampfende Quellen, den ›siedenden See‹ *Te Roto Atamaheke* und den eindrucksvollen **Pohutu Geyser**, der etwa stdl. 20–30 m hohe Fontänen heißen Wassers ausstößt. Auf Wunsch können Gäste an einem **Haakari Feast** teilnehmen, einem in Dampf und heißem Mineralwasser oder in einem Hangi-Erdofen gekochten Festmahl.

Über den SH 5 erreicht man im Westen von Rotorua die Talstation der Seilbahn **Skyline Skyrides** (www.skylineskyrides.co.nz), deren Gondeln auf den 758 m hohen **Ngongotaha** (tgl. ab 9 Uhr) führen. Prächtig ist die Aussicht vom Panoramarestaurant am Gipfel über das Seenland der Region. In Nähe der Talstation liegen die kristallklaren Teiche von *Rainbow* und *Fairy Springs* (tgl. 8–17 Uhr), in denen sich unzählige Forellen tummeln.

In nordöstlicher Richtung verbindet Highway 30 Rotorua mit den thermalen Naturwundern von Tikitere. Dort zischen in der **Hell's Gate Geothermal Reserve**

Traditionelle Techniken und Motive lehrt die Schnitzschule von Whakarewarewa

Im Kulturzentrum Te Puia erhalten Gäste eine traditionelle Maori-Einladung ins Marae

(tgl. 9–17 Uhr, www.hellsgate.co.nz) aus dem *Valley of the Tormented Earth*, dem ›Tal der gequälten Erde‹, Dampfsäulen aus Erdspalten, Schlammbrei kocht in den Tümpeln und die größten heißen *Wasserfälle* der südlichen Hemisphäre stürzen aus dem Buschland in ein tiefer gelegenes Felsenbett. Das *Wai Ora-Spa* komplettiert das Thermalangebot.

Praktische Hinweise

Information

VIC, 1167 Fenton Street, Rotorua, Tel. 07/348 51 79, Fax 07/348 60 44, www.rotoruanz.com

Hotels

****Royal Lakeside Novotel, 9–11 Tutanekai Street, Rotorua, Tel. 07/346 38 88, Fax 07/347 18 88, www.accorhotels.com.au. Komfort mit Seeblick von jedem der 199 Zimmer aus. Wer zum *Hangi* nicht ausgehen will, kann die Maori-spezialitäten aus dem Erdofen bei der *Maori Cultural Night* auch im Hotelsaal genießen.

****Sheraton Rotorua, Fenton Street, Rotorua, Tel. 07/349 52 00, Fax 07/349 52 01. Die Nähe zu Whakarewarewa ermöglicht Mineralwasserbäder im Haus, zu dem schöne Pools, Gärten und zwei gute Restaurants gehören.

***The Heritage Motor Inn, 349 Fenton Street, Rotorua, Tel. 07/347 76 86, Fax 07/346 33 47. Hotel im Landhausstil in ruhiger, wunderschöner Umgebung mit vielen Sporteinrichtungen.

Beeindruckende Naturgewalten – jede Stunde schießt aus dem Pohutu Geyser in der Thermal Reserve eine Fontäne dampfend heißen Wassers bis zu 30 m hoch in den Himmel

19 Te Wairoa

Noch heute sieht man mit Schaudern in den enormen Krater, der seit dem verheerenden Vulkanausbruch des Mount Tarawera 1886 anstelle des weggerissenen Gipfels gähnt

Restaurants

Atrium, 272 Fenton Street (Rydges Rotorua Hotel), Rotorua, Tel. 07/349 00 99. Gute internationale Küche am Rande des Arawa Racecourse.

Mac's Steakhouse Restaurant, 1110 Tutanekai Street (Ecke Lake St.), Rotorua, Tel. 07/347 92 70, www.macs-steakhouse.evosuite.co.nz. Beste neuseeländische Steaks vom Lamm und vom Rind.

19 Te Wairoa

 Verschüttetes Dorf und untergegangene Sinterterrassen.

Über die als *Scenic Drive* ausgeschilderte Tarawera Road gelangt man von Rotorua vorbei an den Kraterseen Blue Lake und Green Lake zum 14 km südöstlich gelegenen Te Wairoa (Tel. 07/362 82 87). Das kleine **Maoridorf** war im 19. Jh. Ausgangspunkt zu den als Weltwunder gepriesenen jahrtausendealten Kieselerdeformationen der *Pink and White Terraces*, doch am 10. Juni 1886 fiel es einem Ausbruch des nahen **Mount Tarawera** zum Opfer. Damals explodierte der längst erloschen geglaubte Vulkan in einem Inferno aus kochendem Schlamm, rot glühenden Felsbrocken und Asche. 153 Menschen starben, drei Siedlungen sowie das ganze Umland des Vulkans und die berühmten Sinterterrassen verschwanden unter Lava und Schlacke.

Seit 1931 wird das *Buried Village*, das ›begrabene Dorf‹ Te Wairoa, ausgegraben. Ein *Rundweg* führt durch das Gelände, vorbei an den Überresten von Stone Storehouse, Blacksmith's Shop und Faloona's Store, dem Haus des Priesters, Teilen der alten Mühle und den baulichen Überbleibseln des Rotomahana Hotels, von dem frühe Weltreisende zu den *Terraces* aufbrachen. Erinnerungsstücke, Fotografien und Modelle im **Te Wairoa-Museum** (Mo–Fr 9–17 Uhr) beim Parkplatz bilden eine interessante Ergänzung zu den Grabungen.

Ausflüge

2 km östlich von Te Wairoa breitet sich der **Lake Tarawera** aus. In der dortigen Te Rata Bay am *Hot Water Beach* ist ein Campingplatz Ausgangspunkt für eine bewilligungspflichtige *Tour* (Auskünfte bei Rangitaurira, Trust Bank Building, Hinemoa Street, Rotorua, Tel. 07/357 40 26) auf den heute noch 1111 m hohen **Mount Tarawera**. Er ist der heilige Berg der Ngati Rangitihi-Maori und gehört noch heute

19 Te Wairoa

Die Ufer des Champagne Pool von Waiotapu glänzen in leuchtendem Orange, Rot und Gelb. Die Farbenpracht verdanken sie mineralhaltigen Ablagerungen des 75° warmen Seewassers

dem Stamm. Grandios ist nicht nur ein Blick in den Furcht erregenden Krater sondern auch die Sicht auf neun Seen der Region, die Bay of Plenty, die Dampfwolken von White Island im Nordosten sowie auf den 250 km entfernten schneebedeckten *Mount Ngauruhoe* (2287 m) im Südwesten.

Fährt man auf dem SH 5 Richtung Taupo, zweigt nach 14 km links eine 6 km lange Piste ins **Waimangu Volcanic Valley** (tgl. 8.30–17 Uhr, www.waimangu.co.nz) ab. Hier kann man u. a. dem Echo Crater und den 60°C warmen *Frying Pan Lake* bestaunen. Vom *Visitor Centre* am Taleingang führt ein attraktiver Wanderweg durch Buschland an wassergefüllten, dampfenden Kratern und der durch Algen vielfarbigen Warbrick Sinterterrasse vorbei zum *Lake Rotomahana*. Das Visitor Centre bietet Rundfahrten auf dem stillen See an, die einen Blick auf dampfende Klippen, seltene Thermalpflanzen und schwarze Schwäne ermöglichen.

Praktische Hinweise

Hotel
**** **Solitaire Lodge**, Lake Tarawera, Tel. 07/362 82 08, Fax 07/362 84 45, www.solitairelodge.co.nz. Das angenehme Haus liegt prächtig auf einer Privatinsel am Seeufer. Die hauseigene Motorbootflotte bringt Gäste zum Angeln.

20 Waiotapu

Naturwunder in allen Regenbogenfarben.

Das **Thermalgebiet** von Waiotapu liegt 30 km südlich von Rotorua und ist über eine 2 km lange Stichstraße ab dem SH 5 erreichbar. Hier bei den ›Heiligen Wassern‹ treibt die Natur ein grandioses Spiel mit Farben. An der Zufahrt liegt das *Visitor Centre* (tgl. 8.30–17 Uhr, letzter Einlass 15.45 Uhr), bei dem der Hauptwanderweg beginnt. Er führt entlang aller Höhepunkte des *Thermal Wonderland*. Vorbei an eingestürzten Kratern geht es zunächst zu den blubbernden Schlammtümpeln der **Devils Ink Pots**. Gefälliger gibt sich **Artist's Palette**, wo heiße und kalte Quellen, zischende Fumarolen und brodelnder Schlamm eine riesige ›Palette‹ in vielerlei zarten Pastelltönen auf das Buschland zaubern. Auf einem hölzernen Steg überquert man die **Primrose Terraces**, 900 Jahre alte, durch Siliziumoxid gebildete Sinterterassen. Dampfend, perlend und sprudelnd präsentiert sich in der Nähe der runde, 60 m tiefe und fast 2 km² große **Champagne Pool**. *TOP TIPP* Sein 75°C heißes Wasser wird von schwefelgelben und orangeroten Ablagerungen eingefasst.

Weitere Rundwege führen zu den **Bridal Veil Falls**, die ihre Farbe von weiß über zitronengelb zu tiefrot wechseln, und zum **Lady Knox Geyser**. Täglich pünktlich um 10.15 Uhr schleudert der Geysir schäumend seine Wassermassen 20 m hoch in die Luft. Dass die Energien des Thermalwassers durch Zugabe von Waschpulver geweckt werden müssen, mag Romantiker enttäuschen.

ℹ Praktische Hinweise

Information
Waiotapu Visitor Centre, Abfahrt ab SH 5, Tel. 07/366 63 33, Fax 07/366 60 10, www.geyserland.co.nz

21 Taupo

Kleinstadt mit großen Ambitionen am mächtigsten Kratersee der Welt.

Der herrliche, 616k m² große, 357 m hoch gelegene **Lake Taupo** bedeckt die Krater mehrerer Vulkane, deren gewaltige Eruptionen letztmals im 2. Jh. n. Chr. Asche um die halbe Welt trieben. Am nordöstlichen Seeufer befindet sich neben dem Ausfluss des *Waikato River* die **Kleinstadt** Taupo. Sie ist jung, spät im 19. Jh. im Schachbrettmuster angelegt, fast ohne historische Legitimation, präsentiert sich jedoch als Zentrum des regionalen **Outdoor-Tourismus**. Mit einer Fülle neuer

Nervenkitzel ist beim Bungeespringen über dem Waikato River garantiert

Motels, Lodges, Restaurants und Brasserien, Golfplätzen, Kreuzfahrtschiffen, einer Flotte von Charterbooten für Forellenangler und einem großen Angebot an Ausflügen in das umliegende Thermal- und Vulkanland macht Taupo dem turbulenten Rotorua Konkurrenz. Verschie-

Wuchtig donnern östlich von Taupo die Wasser des Waikato River bei den Huka Falls ins Tal

21 Taupo

dene Veranstalter bieten außerdem Bungee Jumping, Buschfahrten mit Vierrad-Bikes, Jetboating auf dem Waikaton River und atemberaubende Kajaktouren.

Mit Katamaran, Dampfschiff oder Segeljacht kann man den fischreichen **Lake Taupo** befahren. Besonderes Interesse finden die in Felsen geritzten Zeichnungen, Masken und Ornamente von Maorikünstlern in der *Mine Bay* und die durch Mineralablagerungen im Gestein mehrfarbig schillernden *Karangahape Cliffs*.

Ausflüge

Die *Huka Fall Road* führt vom SH 1, nördlich von Taupo nach Osten abzweigend, zu den **Huka Falls**, wo sich der Waikato River schäumend durch eine enge Felsschlucht presst – mit immerhin 300 000 l Wasser pro Sekunde.

Die nahe **Wairakei Geothermal Power Station** im *Geyser Valley* nutzt seit 1959 Dampf aus der Erde zur Stromerzeugung. Ausführlich informiert eine Diashow im *Visitor Centre* (tgl. 9–16 Uhr) über diese faszinierende Art der Energiegewinnung.

Praktische Hinweise

Information

VIC, 30 Tongariro Street, Taupo, Tel. 07/376 00 27, Fax 07/378 90 03, www.laketauponz.com

Schiff

Taupo Boat Harbour, Redoubt Road, Taupo, Tel. 07/378 33 22. Bietet Seerundfahrten auf dem Lake Taupo.

Hotels

 *******Huka Lodge**, Huka Falls Road, Taupo, Tel. 07/378 57 91, Fax 07/378 04 27, www.hukalodge.co.nz. Exklusives Landhaus in bestechend schöner Lage am Ufer des Waikato. Luxus pur, entsprechend teuer.

******Millenium Hotel & Resort Manuels Taupo**, 243 Lake Terrace, Taupo, Tel. 07/378 51 10, Fax 07/378 53 41, www.milleniumhotels.co.nz.. Bestechend schöne Lage am Seeufer.

Restaurants

Graham Room, im Wairakei Resort Hotel, SH 1, Wairakei, Tel. 07/374 80 21. Hier sind Wildgerichte besonders empfehlenswerte Köstlichkeiten.

Peppers Brasserie, 245 Lake Terrace (Millenium Hotel & Resort), Taupo, Tel. 07/378 51 10. Hotelrestaurant am See. Spezialitäten von Rind und Lamm sowie Riesengarnelen aus dem Waikato River.

22 Tongariro National Park

 Die Vulkane, Kraterseen und Schneefelder gelten als Erbe der Menschheit.

Rauchende Krater, schroffe Grate, erstarrte schwarze Lavaströme, heiße Quellen, smaragdfarbene Seen, Moose auf Steinen, trockene Tussockgrassteppen, Bergbutterblumen an winzigen Wasserläufen – diese Stichworte veranschaulichen die landschaftliche **Vielfalt** im Tongariro Na-

Behagliche Gastlichkeit erwartet Besucher in der noblen Huka Lodge in Taupo

Tongariro National Park

tional Park südlich des Lake Taupo. Für die Ngati Tuwharetoa-Maori hatte die aktivste Vulkanregion Neuseelands mit Mount Tongariro (1967 m), Mount Ngauruhoe (2287 m) und Mount Ruapehu (2797 m), deren Tätigkeit bis heute andauert, spirituelle Bedeutung. Um die heiligen Gipfel dem Siedlerdrang der Pakeha für immer zu entziehen, schenkte Häuptling Te Heu Heu Tukino IV. das Bergland 1887 der britischen Krone, mit der Auflage, es unter Schutz zu stellen.

Von der UNESCO 1991 zur **World Heritage Site**, zum Erbe der Menschheit erklärt, umfasst der beständig erweiterte Nationalpark heute ein Gebiet von nahezu 79 000 ha. Die viel gepriesene Stille und Unberührtheit der Region ist leider längst zur Metapher geworden, die der Wirklichkeit touristischer Interessen nicht mehr standhält. Die Eisenbahnlinie Auckland–Wellington führt seit 1908 am Nationalpark vorbei, ab 1920 wurde das **Skigebiet** am Mount Ruapehu erschlossen, in dem heute die stündliche Liftkapazität 12 600 Personen beträgt. Highways umschließen das Bergland: SH 1 verläuft unter dem Namen *Desert road* durch die wüstenhafte Landschaft im Osten der Vulkanregion, im Westen zweigen Nebenstraßen von den Provincial Highways 47 und 49 direkt in den Nationalpark ab. Nördlichster Ausgangspunkt für einen Besuch des Tongariro National Park ist die kleine Kraftwerkssiedlung **Turangi** nahe der Mündung des Tongariro River in den von unzähligen Forellen bewohnten Lake Taupo.

Ohne Anstrengung erschließt sich der Nationalpark über die an der Westseite des Highway 47 abzweigende Stichstraße 48 zum **Grand Chateau Tongariro**. Die Ausmaße und Ausstattung dieses schlossähnlichen Hotels bringen Luxus und eine Art baulichen Zuckerguss in die an sich raue Bergwelt. 1929 erbaut, trug es entscheidend zur Entwicklung der **Whakapapa Ski Area** um das nahe Whakapapa Village bei.

Neuseelands größtes Wintersportgebiet setzt mit einer Vielzahl von Liften und Aufstiegshilfen Akzente in die Vulkanlandschaft an der Westseite des **Mount Ruapehu**. Dieser 2797 m hohe, schneebedeckte, mit kleinen Gletschern besetzte *Magic Mountain* ist der mächtigste und unberechenbarste der drei Vulkane. Ein modernes Warnsystem soll heute jede eventuelle Gefährdung für Skifahrer ausschließen.

Ausdauer, Kondition und gutes Schuhwerk verlangt die Wanderung durch den Tongariro National Park

So weit die Füße tragen

Mitten durch die Mondlandschaft des Parks führt die Tageswanderung **Tongariro Crossing**. Sie beginnt am Parkplatz Ketetahi Road des SH 47A und steigt durch Totara-Wald erst zur Thermal Area Ketetahi Hot Springs, dann zur Ketetahi Hut an. Bei der Hütte beginnt ein kehrenreicher Weg den North Crater entlang zum Blue Lake, zu den Emerald Lakes und schließlich zum dampfenden Red Crater mit grandiosen Rückblicken auf die bizarre Lavalandschaft, in der die Seen wie Smaragdaugen glänzen. Man gelangt zu den kalten, schwefelhaltigen Soda Springs und zur **Mangatepopo Hut**, wo ein Track abwärts zum Chateau Tongariro führt (Shuttlebus). Die Tagesroute, auch in entgegengesetzter Richtung von Mangatepopo Hut nach Ketetahi Springs möglich, kann durch Besteigungen des **Mount Tongariro** und **Mount Ngauruhoe** von geübten Berggehern zu einer 3-Tage-Wanderung erweitert werden.

Zu den **Great Walks** zählt die 3–4 Tage dauernde Tour **Tongariro Northern Circuit**, die im großen Kreis um den Mount Ngauruhoe herumführt (man kann ihn auch besteigen), und dabei u. a. die ungewöhnliche, durch Lava gebildete Mondlandschaft des **Oturere Valley** berührt.

Tongariro National Park

Recht einfach zu gehen sind Tracks durch die ausgedehnten Tussockgrasebenen

Forscher sagen in absehbarer Zeit einen Ausbruch mit einer gewaltigen **Lahar**, einer Schlammlawine, an der Südseite des Berges voraus, denn der Spiegel des an sich 152 m tief gelegenen Kratersees ist in den letzten Jahren um 52 m gestiegen. Wenn das Wasser die Aschelage auf dem Vulkan erreicht wird sich der See in einer zerstörerischen Lawine aus Wasser, Schlamm und Geröll entleeren. Ein weiteres Skiterrain ist **Turoa** an der Südwestseite des Ruapehu, Zufahrt von Ohakune über Highway 49 A und 16,5 km auf der *Ohakune Mountain Road*.

Praktische Hinweise

Information

VIC, Ngawaka Place, Turangi, Tel. 07/ 386 89 99, Fax 07/386 00 74, www.laketaupo.co.nz. Stellt auch Angelscheine aus. – Whakapapa Village, Tel. 07/892 37 29, Fax 07/892 38 14

Hotels

Am südlichen Fuß des Mount Ruapehu wartet das Grand Chateau Tongariro mit Pracht und Ausstattung der Jahrhundertwende auf

TOP TIPP *******Grand Chateau Tongariro**, Whakapapa Village, SH 48, km 6, Tel. 07/892 38 09, Fax 07/892 37 04, www.chateau.co.nz. Ein Klassiker und gewiss das luxuriöseste Berghotel des Landes. Charme und Noblesse zeichnen das historische Haus aus.

******Powderhorn Chateau**, Mountain Road Ohakune, Tel. 06/385 88 88, Fax 06/385 89 25, www.powderhorn.co.nz. Das stilvoll-elegante Holzhaus mit dem Restaurant *Powderkeg* am Beginn der Ohakune Bergstraße fügt sich stimmig in die Landschaft.

******Tongariro Lodge**, 83 Grace Road, Turangi, Tel. 07/386 79 46, Fax 07/386 88 60, www.tongarirolodge.co.nz. Ruhig zwischen Forellenfluss und Bergen gelegene Fishing Lodge, komfortabel und im Stil angenehm *old fashioned*.

Viel fotografiert wird das strahlend weiße A & B Building in der Innenstadt von Napier

23 Napier

Schönes Stadtensemble mit schmucken Häusern im Art-Deco-Stil.

Palmen, mildes Klima und die weite, sanfte Küste der tiefblauen *Hawke Bay* geben Napier ein südpazifisches Ambiente. In dieser scheinbar friedlichen Landschaft ereignete sich am Vormittag des 3. Februar 1931 das schwerste **Erdbeben** der neuseeländischen Geschichte. 258 Menschen starben, die 1840 gegründete Stadt wurde fast völlig zerstört. Gleichzeitig hob sich der Meeresboden um 2,5 m und ließ 4000 ha Neuland entstehen.

Auf dem Reißbrett entworfen und im *Art Deco* und *Spanish Mission Style* erdbebensicher neu erbaut, besticht Napier heute als einzigartiges kunstgeschichtliches Stadtensemble. Ecke Marine Parade und Herschell Street ist **Hawke's Bay Museum & Art Gallery** (tgl. 10–18 Uhr, www.hbmag.co.nz) mit Ausstellungen zu zeitgenössischer Kunst und einer Fotodokumentation über das Erdbeben von 1931 ein guter Ausgangspunkt für einen **Art Deco Walk** durch die Stadt.

Ihr überschaubares Zentrum erstreckt sich zwischen Browning und Emerson Street. Keinesfalls versäumen sollte man bei einem Bummel den Blick auf die elegante Fassade von *The Daily Telegraph* in der Tennyson Street, das türmchengekrönte *A & B Building* und die vornehme Dekoration der *ASB Bank* in der Emerson Street sowie den mit Maorimotiven bereicherten Bauschmuck des *Ministry of Transport* Ecke Tennyson Street und Cathedral Lane. Louis Hay, der einheimische Architekt vieler Gebäude von Napier, entwarf auch das als Juwel des Art Deco geltende *Rothmans Building* (Mo–Fr 9–17 Uhr, Ossian Street) im Stadtteil Ahuriri, das wegen des Schriftzugs über seinem Portal auch als *National Tobacco Company Building* bekannt ist.

Eleganter Jugendstil zeichnet das Firmengebäude der National Tobacco Company Ltd. aus, das 1932/33 in Napier-Ahuriri entstand

Napier

Die Shows im Marineland von Napier machen auch den tierischen Hauptdarstellern Spaß

Direkt hinter dem Strand von Hawke Bay verläuft die kiefernbestandene *Marine Parade* mit vielen touristischen Attraktionen. Vom Hafen aus führt die Straße in weitem Bogen nach Westen, wo auf der Westhore Halbinsel die **Westshore Wildlife Reserve** (Watchman's Road, tgl. 11–15 Uhr) u. a. ein *Kiwi House* zur Hege des nachtaktiven flugunfähigen Nationalvogels unterhält. Eine andere Art von Naturliebhabern zieht hier nebenan der *Westshore Beach* an.

Im Südteil der Marine Parade dreht sich im **Marineland** (Mo/Do 10–16.30, Di/Mi und Fr–So 10– 17.30, winters tgl. 10–17.30 Uhr, Shows tgl. 10 und 16.30 Uhr, www.marineland.co.nz) alles um dressierte Delphine, Robben, Pinguine und Otter. Das nahe **National Aquarium of New Zealand** (tgl. 9–17 Uhr, www.nationalaquarium.co.nz) päsentiert unter seinem wellenförmigen Dach in großen Becken die bunte Unterwasserwelt des Pazifik.

Ausflug

Nordöstlich von Napier zweigt bei der Kleinstadt *Wairoa* der nur teilweise geteerte Highway 38 ab, die einzige Straße in den **Te Uruwera National Park**, ein Paradies für Wanderer und Ornithologen. Mitten im größten zusammenhängenden Urwald von North Island mit riesigen Baumfarnen, Totara (Steineiben) und Rimu (Trauerzypressen) liegt der glasklare, 34 km² große **Lake Waikaremoana**.

Zu den *Great Walks* zählt der viertägige, 46 km lange **Lake Waikaremoana Track** um den See. Geführte Kajaktouren sind eine wunderbare Alternative.

ℹ Praktische Hinweise

Information

VIC, 100 Marine Parade, Napier, Tel. 06/834 19 11, Fax 06/835 72 19, www.hawkesbaynz.com. – Deco Centre, 163 Tennyson Street, Napier, Tel. 06/835 00 22. Stadtführungen u. a.

Hotels

*******The Masters Lodge**, 10 Elizabeth Road, Napier, Tel. 06/834 19 46, Fax 06/834 19 47, www.masterslodge.co.nz. Exklusives, kleines Herrenhaus auf dem Napier Hill. Prachtausblick auf die Bucht.

*****Te Pania Hotel**, 45 Marine Parade, Napier, Tel. 06/833 77 33, Fax 06/833 72 32. Modernes, zentral gelegenes Stadthotel.

Restaurant

Beaches Restaurant, Marine Parade, Napier, Tel. 06/835 81 80. Einfallsreiche Gourmetküche, Meerblick und gute Weine aus der Hawke's Bay-Region.

Estuary's Restaurant, 19 Meeanee Quay, Westshore, Napier, Tel. 06/833 60 50, www.estuarysrestaurant.co.nz. Bezaubernde Lage, moderne neuseeländische Küche und frische saisonale Zutaten.

Hastings

Feine Weine und ein schroffes Kap.

Eingebettet zwischen der Hawke Bay und der fruchtbaren Heretaunga-Ebene ist Hastings die letzte Stadt vor der überwiegend einsamen, unbewohnten Südostküste von North Island. Wie das 20 km entfernte Napier fiel auch Hastings dem **Erdbeben** von 1931 zum Opfer. Die kurz nach der Katastrophe wiederaufgebaute Stadt schmückt sich entlang der Hauptverkehrsachse Heretaunga Street mit hübschen **Art-Deco-Bauten**. Einen überraschenden Kontrast dazu bilden in der kreuzenden Hastings Street die *Methodist Church* und das *Municipal Theatre* im Spanish Mission Style sowie das anschließende *Municipal Building* im Stil indischer Moghul-Paläste.

Der **Wohlstand** der 60 000 Einwohner basiert auf dem Obst- und Weinanbau. Die ersten Reben pflanzte 1851 an den sonnenreichen Gestaden von Hawke Bay ein katholischer Bischof. Heute produzieren mehr als 30 **Weingüter** im Umland von Napier und Hastings gute, schwere Weine. *Touren* zu den oft mit Restaurants kombinierten Weingütern sind ungemein beliebt.

Ausflug

Im Südosten der Stadt liegt **Cape Kidnappers**. Auf windumtosten Felsterrassen brüten hier zwischen November und Februar zahlreiche australische **Tölpel** (*Gannets*). Die Tiere sind mit Pelikanen und Fregattvögeln verwandt, ausgewachsene Exemplare können eine Flügelspannweite von bis zu 2 m haben. Ihre gruppenweisen Sturzflüge zur Nahrungssuche auf das Meer sind ein grandioses Spektakel.

Einzelwanderer erreichen über Clive den Ausgangspunkt *Clifton Domain*, müssen aber ihren Zeitplan genau auf den Stand der Gezeiten abstimmen, denn bei Flut ist der Strandwanderweg überspült.

Praktische Hinweise

Information

VIC, Russell Street North, Hastings, Tel. 06/873 55 26, Fax 06/873 55 29, www.hawkesbaynz.com

Auf einer Vineyards Tour können selbst erfahrene Connaiseurs noch Neues lernen

Hotel

******Greenhill Lodge**, 4 Greenhill Road, Hastings, Tel. 06/879 99 44, Fax 06/879 99 40, www.greenhill.co.nz. Elegante historische Homestead am Eingang zum Gimblett Weinanbaugebiet.

Restaurant

Mc Ginty's, 1400 Karamu Road North, Hastings, Tel. 06/876 41 22. Hier genießt hungrige Gäste ausgefallene Gerichte wie Muscheln in Zitronen- und Kokosnusssauce oder Hühnerbrust mit gewürzten Pfirsichen.

Dicht an dicht nisten Abertausende Tölpel auf der Felsklippe von Cape Kidnappers

Vom Waikato nach Wellington – King Country der Maori und Kapitale im Aufbruch

Der Westen der Nordinsel ist das *Historienland der Maori*: In dem nicht zu besichtigenden Ort Ngaruawahia an der Mündung des Waipa River in den Waikato residiert ihre Königin *Te Ata-I-Rangikaahu*. Die Zauberwelt der **Waitomo Caves** mit ihren Millionen Glühwürmchen entdeckten Maori bereits vor langer Zeit und auf dem majestätischen Vulkan **Mount Taranaki** begruben sie trauernd ihre Häuptlinge.

An die Tüchtigkeit weißer Siedler erinnert die Inlandsmetropole **Hamilton**, während die Hafenstadt **New Plymouth** ihren Charme in Rhododendronparks versprüht und *Wanganui* mit viktorianischem Flair die Pforte zur Wildnis des **Whanganui National Parks** bildet.

An der Südspitze der Nordinsel liegt **Wellington**, von der Südinsel nur durch die an ihrer schmalsten Stelle 23 km messende *Cook Strait* getrennt. Seit einigen Jahrzehnten setzt sich Neuseelands Hauptstadt in Szene – mit farbenfrohen Holzhäusern, die sich an die Hügel rings um die *Oriental Bay* klammern, ehrwürdigen historischen Vierteln wie *Thorndon*, mit breit gefächerten kulturellen Angeboten, progressiver Architektur im *Civic Center*, fröhlichen Szenetreffs an der *Queens Wharf* und mit dem *Te Papa Tongarewa Museum*, das unter seinen muschelförmigen Dächern die Schätze der Nation zusammenhält.

25 Hamilton

Schnell wachsende Universitätsstadt.

Die aufstrebende **Hauptstadt** der Waikato Region hat nichts mehr mit *Kirikirioa* gemein, dem Maoridorf der Tainui Ngatiwairere, aus dem sie hervorging. Die ansässigen Süßkartoffelbauern flohen während der Landkriege Mitte des 19. Jh., dann kamen britische Soldaten, denen man das einstige Maoriland zuteilte.

Seit Mitte des 20. Jh. wuchs Hamilton von 5000 auf heute 130 000 Einwohner an. Neuseelands größte Binnenstadt mit landwirtschaftlich ausgerichteter Universität entwickelte sich sprunghaft, modern, architektonisch zweckmäßig und kühl. Einzig der **Waikato River**, der den Ort auf seinem 354 km langen Weg vom Lake Taupo zur Tasman Sea durchzieht, setzt mit Grünanlagen und Rosengärten an seinen Ufern pittoreske Akzente.

Hauptstraße von Hamilton ist die lebhafte **Victoria Street**, von der aus Gassen gen Osten ans Flussufer führen. An ihr liegt Ecke Grantham Street auch das **Waikato Museum of Art and History** (tgl. 10–16.30 Uhr, www.waikatomuseum.org.nz). Wohlgeordnet präsentiert es in acht modernen Gallerien historische Sammlungen sowie australische und neuseeländische Kunst. Breiten Raum nehmen die vorwiegend geschnitzten Artefakte der Tainui ein. Die große Museumshalle bildet den Rahmen für das restaurierte Kriegskanu *Te Winika*, eine Leihgabe der 2002 verstorbenen Maorikönigin Te Arikuinui Dame Te Atairangikaahu.

Am gegenüberliegenden Flussufer legt im **Memorial Park** der historische Raddampfer *MV Delta Waipa* (www.waipadelta.co.nz) täglich zu kleinen Flusskreuzfahrten ab. Wo der Cobham Drive vom Waikato River wegführt, bilden die riesigen **Hamilton Gardens** mit ihren Themengärten die grüne Lunge der Stadt.

◁ *Wellington steht mit seiner großstädtischen Queens Wharf ebenso für Neuseeland* (**oben**) *wie die üppige Natur, etwa hier bei Wanganui* (**unten**)*. In diesem Spannungsfeld bewegt sich auch die moderne Maorigesellschaft und ihre Kunst* (**Mitte**)

Hamilton

Landwirtschaftsgeschichte kann man 17 km südlich von Hamilton in der **National Agriculture Heritage** (Mo–Fr 9–16.30 Uhr) am Mystery Creek nachspüren. Das Freilichtmuseum vereint zahlreiche historische Gebäude, ein Gefängnis von 1875 etwa oder eine 1924 erbaute Dorfkirche, dazu das *National Dairy Museum*. Außerdem zieht hier jedes Jahr an einem Juniwochenende die Agrarschau *New Zealand Fieldays* (www.fieldays.co.nz) wahre Menschenmassen an.

Praktische Hinweise

Information
VIC, Ecke Bryce/Anglesea Street, Hamilton, Tel. 07/839 35 80, Fax 07/839 31 27, www.hamiltoncity.co.nz

Hotels
****Le Grand Hotel**, Ecke Collingwood/Victoria St, Hamilton, Tel. 07/839 19 94, Fax 07/839 79 94, www.legrandhotel.co.nz. Stilvoll-modernes Haus im Zentrum mit großzügigen Zimmern und dem vielseitigen Alexander's Restaurant.

***Anglesea**, 36 Liverpool Street, Hamilton, Tel. 07/834 00 10, Fax 07/834 33 10, www.angleseamotel.co.nz. Zentral gelegenes Hotel mit Spa und Pool.

Restaurant
Museum Cafe, 1 Grantham Street, Hamilton, Tel. 07/839 72 09. Das populäre kleine Museumslokal am Ufer des Waikato River bietet leckere Snacks.

Waitomo Caves

Glühwürmchengrotte mit abenteuerlichen Sportangeboten.

Im Laufe von Millionen Jahren entstanden unter den grünen Hügeln der Waikato-Region ungewöhnliche Naturformen, wie z. B. südwestlich von Otorohanga die *Kalksteinlandschaft* von Waitomo mit ihren Höhlen und Grotten. Als Einstieg in die Zauberwelt unter Tage bietet sich **Aranui Cave** im Westen des Tals an (Führungen tgl. 10–15 Uhr). Wie ein Nadelkissen aus Tropfstein wirken die zarten Stalagmiten in der 1911 entdeckten Höhle.

An Schönheit und Besucherandrang wird sie freilich übertroffen von der **Waitomo Cave** (Führungen alle ½ Std., Ende Okt.–Ostermontag tgl. 9–17.30, sonst 9–17, 26. Dez.–Febr. zusätzl. 8 Uhr, www.waitomo.com) 3 km östlich. Die kathedralartige Haupthöhle baut sich über einem unterirdischen Flusssystem auf. In Booten gleiten Besucher lautlos durch diese Unterwelt, über der sich scheinbar ein nächtlicher Sternenhimmel wölbt. Tatsächlich verursachen Myriaden von Larven der *Glowworms*, neuseeländischer Glühwürmchen, die zahllosen, leicht grünlichen Leuchtpunkte.

Mehrere Anbieter locken Abenteuerlustige und Sportliche zum *Black Water Rafting* mit Gummireifen und Stirnlampe durchs kalte Wildwasser des Huhunui River in der nahen **Ruakuri Cave** oder zum Abseilen in die bizarre **Lost World** des *Mangapu Höhlensystems* – 100 m

Romantische Bootsfahrt durch die grünlich illuminierte Waitomo Cave

27 New Plymouth

Ins deutsche Holstein könnte man sich beim Anblick der weidenden schwarzbunten Kühe versetzt fühlen, wäre nicht im Hintergrund der schneebedeckte Vulkan Mount Taranaki

senkrecht und freihängend in die Tiefe. Solche Exkursionen können 3 Std. bis 1 ½ Tage dauern.

Oberirdisch informiert in dem nahen Dorf Waitomo das **Museum of Caves** (Labour Day–24.12. tgl. 8.45–17.30, 26. Dez.–Feb. 8.45–19.30, sonst 8.45–17 Uhr, www.waitomo-museum.co.nz) über die Höhlen und ihre geomorphologische Beschaffenheit. Stolz der vielgestaltigen Sammlung ist das 16 000 Jahre alte Skelett eines heute ausgestorbenen *Moa*.

Praktische Hinweise

Information

VIC, Museum of Caves, Main St, Waitomo, Tel. 07/878 76 40, Fax 07/878 61 84, www.waitomo.govt.nz

Hotel

***Waitomo Caves Hotel**, Waitomo Caves Road, Tel. 07/878 82 04, Fax 07/878 88 58, www.waitomocaveshotel.co.nz. Charmantes und renoviertes, rund 100-jähriges viktorianisches Landhotel.

Restaurant

Roselands Restaurant, 579 Fullerton Road, Waitomo, Tel. 07/878 76 11. Schöner Lunch im Garten unter alten Bäumen.

27 New Plymouth

Malerische bunt blühende Gärten machen den Charme der Stadt aus.

Fruchtbares Farmland überzieht die Taranaki Peninsula, überall grasen schwarzweiße Kühe, deren Milch zu dem berühmten *Cheddarkäse* der Region verarbeitet wird. Am Nordende der weit in die raue Tasman Sea hinausreichenden Halbinsel liegt New Plymouth, im Hinterland überragt von dem ebenmäßigen Vulkankegel des 2518 m hohen **Mount Taranaki**.

Der Ort entstand 1841 nach einem von Edward Gibbon Wakefield im fernen England ausgedachten **Besiedlungsplan**. Seine New Zealand Company brachte Kolonisten aus Devon und Cornwall an die entlegene Küste. Dank des künstlich angelegten Hafens profilierte sich New Plymouth ab 1880 durch den Export von **Molkereiprodukten**. Ergiebige Öl- und Gasfunde 30 km vor der Küste gaben der Stadt Mitte des 20. Jh. ein neues industrielles Standbein.

Heute ist New Plymouth eine attraktive Stadt mit entspanntem Lebensstil. Im schnurgeraden Straßenraster, das sich erst landeinwärts und hügelan etwas auflöst, bildet die Fußgängerzone **Devon**

New Plymouth

Der intensive Duft blühender Rhododendren erfüllt Pukeiti Gardens am Ende des Jahres

Praktische Hinweise

Information
VIC, 65 Aubyn Street, New Plymouth, Tel. 06/759 60 60, Fax 759 60 73, www.newplymouthnz.com

Hotel
******Devon Hotel**, 390 Devon Street East, New Plymouth, Tel. 06/759 90 99 Fax 06/758 22 29, www.devonhotel.co.nz. Gutes Haus nahe der Einkaufs- und Fußgängerzone, mit ausgezeichnetem Seafood-Restaurant.

Restaurant
Orangery, im Plymouth International Hotel, Ecke Courtenay/Leach Street, New Plymouth, Tel. 06/758 05 89. Internationale Küche im erfrischenden Ambiente eines Zitrusfruchtgartens.

Street den Mittelpunkt. In der parallelen Ariki Street illustriert das **Museum Puke Ariki** (Mo–Fr 9–18, Mi bis 21, Sa/So 9–17 Uhr, www.pukeariki.com) mit Dokumente zur Kolonialgeschichte und bedeutenden Maori-Kunstschätzen die Geschichte der Region. Zum Museum gehört auch schräg gegenüber das 1853/54 aus Sandstein erbaute, mit Originalmöbeln aus der Kolonialzeit ausgestattete **Richmond Cottage** (Sa/So/Fei 11–15.30 Uhr).

Eine respektable Sammlung zeitgenössischer Kunst zeigt die **Govett-Brewster Art Gallery** (tgl. 10–17 Uhr, www.govettbrewster.com) in der Queen Street, Ecke King Street. Der moderne Blockbau bildet einen eher schwerfälligen Kontrast zu dem leichten, 1969 abgerissenen und 1985 aus purer Sentimentalität wieder aufgebauten **Clock Tower** vis-à-vis. **St. Mary's Church** zwei Straßenzüge weiter südlich wurde 1842 gebaut und 1846 geweiht. Sie ist die älteste Steinkirche Neuseelands, geschmückt mit z. T. noch originalen Bleiglasfenstern.

Das Schönste an New Plymouth sind die Parks und Gärten: die Wasserlandschaft und das Orchideenhaus im 21 ha großen, 1876 eröffneten **Pukekura Park** (tgl. 7.30–19/20 Uhr) in der Fillis Street etwa, der Azaleengarten und die Seerosenteiche im benachbarten **Brooklands Park** oder, 30 km außerhalb, mitten im Regenwald das 360 ha umfassende Naturschutzgebiet **Pukeiti Gardens** (Sept.–März tgl. 9–17, April–Aug. 10–15 Uhr, www.pukeiti.org.nz), das im Herbst zur Zeit der Rhododendrenblüte in einem Meer aus Farben versinkt.

Mount Taranaki

Perfekter kann ein Vulkan nicht aussehen.

Mount Taranaki ist der Star des knapp 34 000 ha großen **Taranaki National Park** im Süden von New Plymouth. Leider verbirgt der 2518 m hohe Vulkan die eisbedeckte Spitze seines makellosen Kegels allzu oft in Wolken. Abel Janszoon Tasman übersah 1642 den Vulkan beim Vorbeisegeln sogar, James Cook aber bemerkte ihn 1770, war beeindruckt und taufte ihn nach dem Earl of Egmont. 1978 erhielt Mount Egmont seinen ursprünglichen Namen *Taranaki* zurück. Nun ragt er, schön und fotogen, als Mittelpunkt des 1900 gegründeten Nationalparks über der grünen Taranaki-Ebene auf. Seit seinem letzten Ausbruch im 17. Jh. ist der Vulkan inaktiv.

Als erste Europäer standen der Biologe Dr. Ernst Dieffenbach und der Walfänger James Heberley 1839 auf dem Gipfel. Heute führen drei Routen, **Egmont Road** von New Plymouth, **Pembroke Road** von Stratford und **Manaia Road** von Manaia aus, in das durch mehrere Hütten erschlossene Berggebiet im Norden und Osten auf Höhen von 800–1000 m. In Egmont Village beginnt beim *North Egmont Visitor Centre* der **Around the Mountain Circuit**, eine 55 km lange, relativ schwierige 5-Tage-Rundwanderung auf mittlerer Höhe. Sie bietet Regenwald, Kliffe, Wasserfälle, Bäche, Schluchten, Tussockfelder

Don Juan der Maorilegenden

Einst, so erzählen die Maori, waren alle **Vulkangötter** im Zentrum der Nordinsel friedlich versammelt, darunter auch Taranaki, sein Bruder Tongariro und dessen Geliebte Pihanga. Eines Tages jedoch machte der in Liebe entflammte Taranaki der schönen Pihanga Avancen und zwischen den Vulkanbrüdern entbrannte darob ein fürchterlicher **Streit**, bei dem sogar die Erde zitterte. Tongariro ging daraus, wenn auch beträchtlich kleiner, als Sieger hervor. Taranaki aber musste vor dem brüderlichen Zorn an die entfernte Küste fliehen, wo er bis heute steht. Bei seiner **Flucht** grub er das Bett des Flusses Wanganui und füllte es mit seinen Tränen. Die Maori erzählen sich auch, dass Taranaki eines Tages zu der angebeteten Pihanga zurückkehren wird. Daher halten sie es für klüger, nicht an der direkten Verbindungslinie zwischen beiden Vulkanen zu siedeln. Wer weiß ...

der Küste und im Inland umfährt. Die **Westroute** an der Tasman Sea um Cape Taranaki zeigt schöne Strandbuchten bei Oakura und in Opunake. Winzige Dörfer in der South Taranaki Bight leiten zur Küstenstadt *Hawera* über. Hier beherbergt eine alte Milchfabrik das ausgezeichnete private **Tawhiti Museum** (26.12.–Jan. tgl., sonst Fr–Mo 10–16 Uhr, 401 Ohangai Rd, www.tawhitimuseum.co.nz). Mit lebensgroßen Figuren und Dioramen wurde die Lokalgeschichte der *South Taranaki Region* im 19. Jh. inklusive einer betriebsbereiten Buscheisenbahn nachgestellt.

SH 3 führt auf der **Inlandroute** von New Plymouth nach Hawera. Von dieser Strecke zweigt die Auffahrt über die Pembroke Road hinauf zum *Stratford Plateau* (1100 m) ab, dem einzigen Skigebiet am Vulkan. Im Süden des Städtchens verdient das Freilichtmuseum **Taranaki Pioneer Village** (tgl. 10–16 Uhr, Tel. 06/765 53 99) mit über 50 nachgebauten historischen Häusern einen Besuch.

29 Wanganui

Hübscher Ausgangspunkt für Flussfahrten auf dem Whanganui River.

Die Landschaft ist sanft gewellt und saftig grün. Hindurch windet sich breit und gemächlich der Whanganui River, längster schiffbarer Wasserweg des Landes. Die nach ihm genannte Stadt (allerdings

und immer wieder herrliche Ausblicke, wenn die Route über die Waldgrenze ansteigt. Eine Gipfelbesteigung bleibt erfahrenen Bergsteigern vorbehalten.

SH 45 im Westen und SH 3 im Osten erlauben Autofahrern einen Rundkurs, der in weitem Bogen den Nationalpark an

Eines der Prunkstücke des Whanganui Regional Museum ist das 23m lange Kriegskanu Te Mata O Hotorua der Maori

29 Wanganui

ohne ›h‹ geschrieben) wurde 1840 in einer Flussschlinge nahe der Mündung in die *South Taranaki Bight* gegründet.

Für einen Überblick bietet sich der flussnahe 66 m hohe **Durie Hill** mit seinem aussichtsreichen **Memorial Tower** (Mo–Fr 7.30–10, Sa 10–18, So/Fei 11–17 Uhr, Zugang zum Aufzug über die City Bridge) an. Haupt- und Shoppingstraße des Ortes ist die palmengesäumte *Victoria Avenue*, Museumsquartier der *Queens Park*. Hier präsentiert im Civic Centre gegenüber der War Memorial Hall das

TOP TIPP **Whanganui Regional Museum** (tgl. 10–16.30 Uhr, www.wanganui-museum.org.nz) eine vorzügliche Sammlung von Maorikunst. Erlesene Schnitzereien im *Maori Court* bilden den Rahmen für ein 200-jähriges Kriegskanu, Porträts des böhmischen Malers *Gottfried Lindauer* (1839–1926) und schöne Greenstone-Arbeiten. Einen Querschnitt der neuseeländischen und englischen Kunst des 19. und frühen 20. Jh. zeigt der strahlend weiße Kuppelbau der **Sarjeant Gallery** (tgl. 10.30–16.30 Uhr, www.sarjeant.org.nz) auf dem benachbarten Hügel. Im südlichen Stadtteil Putiki schmücken effektvolle Maorischnitzereien des Meisters Pine Taiapa das Innere der **St. Pauls Memorial Church**.

Die liebliche, grüne Hügellandschaft im Südwesten ist ideales Weideland für Schafe

Ausflug

Die 80 km lange, schmale River Road führt von Wanganui bis **Pipiriki**, dem Ausgangspunkt für Wanderungen im 1986 geschaffenen, 74 000 ha großen **Whanganui National Park** (www.whanganuinationalpark.com) dessen dichter, unberührter Urwald und dschungelähnliche Vegetation die Ufer des Whanganui River säumen. Ein großartiges Erlebnis ist die dreitägige *Kajaktour* von Whakahoro (über die Ortschaft National Park am SH 4 erreichbar) flussabwärts nach Pipiriki. Selbstfahrer können Boote leihen, geführte Touren kann man in Wanganui und Whakahoro buchen. Auskünfte erteilt das Department of Conservation (s. u.).

ℹ Praktische Hinweise

Information
VIC, 101 Guyton Street, Wanganui, Tel. 06/349 05 08, Fax 06/349 05 09, www.wanganuinz.com – **DOC**, Ecke Victoria/Dublin St., Wanganui, Tel. 06/345 24 02, www.doc.govt.nz

Hotel
**Riverside Chalets Motel, 30 Somme Parade, Wanganui, Tel. 06/345 24 48, Fax 06/345 24 42, www.riversidemotel.net.nz. Modern eingerichtete Chalets stehen unmittelbar am Fluss in der Nähe des Stadtzentrums.

Restaurant
Ceramic, 51 Victoria Avenue, Wanganui, Tel. 06/348 44 49. Restaurant und Wine Bar in 100-jährigem ehem. Postamt. Anbei das Big Orange Café.

30 Palmerston North

Metropole mit Forschungsambitionen und der zweitgrößten Universität Neuseelands.

Wo noch gegen Ende des 19. Jh. Holzfällerhütten am Ufer des *Manawatu River* standen, liegen heute wunderschöne Golfplätze und die von Rosengärten gesäumte Victoria Esplanade. Die stürmische Entwicklung von Palmerston North setzte allerdings erst 1886 mit der Anbindung der Stadt an das Eisenbahnnetz ein. Nachdem der Distrikt Manawatu reiche **Agrarerträge** erwirtschaftete, entstand

Palmerston North

Zwischen Palmerston North und Wellington liegt die grüngesäumte Kapiti Coast

Anfang des 20. Jh. die vorwiegend landwirtschaftlich, tiermedizinisch und biotechnisch orientierte **Massey University of Manawatu**. Ihre Institute erlangten Weltruf und brachten Palmerston North den Beinamen *City of Knowledge*, ›Stadt des Wissens‹, ein.

Der Stadtmittelpunkt **The Square** besteht aus einer Parkanlage mit Teichen, Springbrunnen, alten Bäumen und dem *Square Edge Community Arts Centre*, wo Kunstgewerbeläden und Galerien untergebracht sind. *Pacific Monarch* nennt sich die große Bronzeskulptur vor dem Eingang der wenige Schritte entfernten **Te Manawa Art Gallery** (Di–Fr 10–16.30, Sa/So 13–17 Uhr) in 396 Main Street. Sie bietet die Chance, moderne neuseeländische Kunst in zwanglosen Präsentationen zu sehen. Einen Block entfernt an derselben Straße beschreitet im Te Aweawe Complex das zugehörige **Te Manawa Science Centre & Museum** (tgl. 10–17 Uhr, Tel. 06/355 50 00, www.temanawa.co.nz) mit interaktiven Effekten neue Wege. Sehr interessant ist auch die dazugehörige historisch orientierte *Tangata Whenua Gallery* mit eindrucksvollen Schnitzwerken von Künstlern des Rangitane-Stammes.

Rugby-Freunde finden im **New Zealand National Rugby Museum** (87 Cuba Street, Mo–Sa 10–12 und 13.30–16, So 13.30–16 Uhr) eine Fülle von teils nostalgischen Erinnerungsstücken an Spieler und Spiele des neuseeländischen Nationalsports.

Ausflüge

Südlich von Palmerston North gehen die feinen Strände *Waitarere* und *Waikawa Beach* bei Otaki in die *Kapiti Coast* (www.kapiti.org.nz) über. Vor der Küste von Paraparaumu liegt **Kapiti Island**. Die 10 km lange, schmale Insel diente zu Beginn des 19. Jh. als Startplatz für Häuptling Te Rauparahas Raubzüge, ist heute aber ein friedliches *Vogelparadies*, in dem die Re-

Am Rand des zentralen, 7 ha großen Parks The Square liegt die Universitätskirche

30 Palmerston North

gierung Besucher nur in begrenztem Umfang tagsüber zulässt (Department of Conservation, Tel. 04/472 73 56). Weitgehend ungestört leben hier Tui, die schwarzen Priestervögel mit den weißen Kehlfedern, Kiwis, die mittlerweile selten gewordenen Nationalvögel Neuseelands, ebenso in Glockentönen singende Bellbirds, Nektar fressende Stitchbirds und Whiteheads.

Praktische Hinweise

Information

VIC, The Square, Palmerston North, Tel. 06/350 19 22, www.manawatunz.co.nz

Hotels

*****Camelot Motor Lodge**, 295 Ferguson St., Palmerston North, Tel. 06/355 41 41,

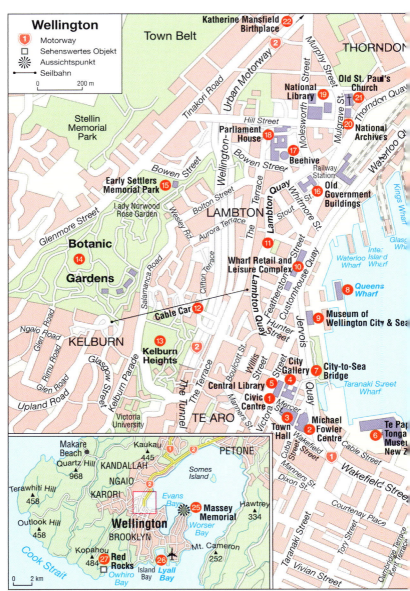

31 Wellington

Fax 06/357 73 44, www.camelotmotor lodge.co.nz. Technisch gut ausgestattete Einheiten in zentrumsnaher, architektonisch origineller Anlage.

***Hacienda Motor Lodge**, 27 Victoria Ave, Palmerston North, Tel. 06/357 31 09, Fax 06/355 14 55, www.hacienda.co.nz. Zentral gelegenes, doch ruhiges und komfortables Haus im Stil einer spanischen Hazienda.

Restaurants

Highden Manor, Green Road, Awahuri, 2 km außerhalb Palmerston North, Tel. 06/324 87 39. Ein parkumgebenes Landschloss bietet den Rahmen. Köstlich schmecken die Wildgerichte.

Rose & Crown, 743 Main Street, Palmerston North, Tel. 06/355 36 60. Old-England-Pub mit viel gutem Ale und britischen Spezialitäten wie Fish & Chips.

31 Wellington

Im Zentrum fußgängerfreundliche Hauptstadt, erbaut auf mehr als sieben Hügeln.

Die Vorgebirge der Tararua Range laufen bei Wellington als steile Hügel in das Wasser der Cook Strait aus. Neuseelands Hauptstadt an der Südspitze von North Island, um den tiefen Naturhafen **Port Nicholson** geschmiegt, mangelt es an ebenem Bauland. Ihr Kennzeichen sind auf- und abführende Straßen, Inlets und Buchten, die tief in das Land eindringen und die Küstenlinie um ein Vielfaches strecken. Wellingtons Häuser stehen auf dem fragilen Boden der **Alpine Fault**, einer geologischen Verwerfungslinie. Die urwaldgrünen Hänge sind nicht einfach zu bebauen, die heftigen Westwinde der *Roaring Forties* geben sich in der **Windy City** ungestüm, manchmal bebt sogar die Erde. Das Stadtbild aber gleicht einem Amphitheater mit besonnten Rängen und ist zu jeder Tages- und Nachtzeit schön.

Eine neue Generation **progressiver Architekten** fügte in den letzten Jahren den viktorianischen Hügelvillen, den pompös prächtigen Regierungsbauten des 19. Jh. und den gigantisch gläsernen Hochhäusern aus der Mitte der 80er-Jahre des 20. Jh. an der Waterfront erstaunlich mutige originelle Bauten hinzu. Die Metropole in Platznöten, Heimat des modernsten Nationalmuseums der Welt, des *New Zealand Symphony Orchestra*, der *New Zealand Ballet Company* und des alle zwei Jahre stattfindenden *International Festival of Arts*, eine Stadt der Kunst und Kultur, präsentiert sich am Beginn des dritten Jahrtausends in Aufbruchsstimmung. Auf **Futurismus** und **Lifestyle** setzend, ist sie neuerdings ein Magnet für unkonventionelle Stadtplaner, Avantgardekünstler, einfallsreiche Modemacher und kreative Köche. Die kompakte, auf

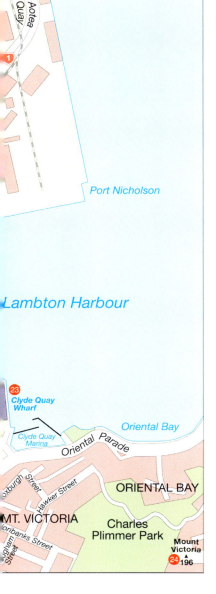

Wellington

Vom Mount Victoria im Osten liegt dem Betrachter ganz Wellington zu Füßen

nur wenige Straßenzüge zusammengedrängte **City** kann man problemlos zu Fuß erkunden.

Geschichte Der Maoriort **Te Whanganui a Tara**, ›Großer Hafen des Tara‹, ging 1820 im Ansturm des feindlichen Häuptlings ›Alte Schlange‹ **Te Rauraparaha** und seiner Krieger unter. Durch das Gemetzel entstand ein Vakuum, in das Stammesangehörige der **Te Ati Awa** zogen, die sich ihrerseits auf der Flucht vor Te Rauparaha befanden. Während die Schutzsuchen-

Am Civic Centre von Wellington treffen traditionelle Bau- auf moderne Kunstformen

den auf den Hügeln befestigte Dörfer wie Fluchtburgen bauten, wurde ihr Land im fernen London bereits aufgeteilt. Im Januar 1840 ankerten die ersten Siedlerschiffe der **New Zealand Company** am Nordrand der Bucht beim heutigen *Petone*. Doch das ihnen zugedachte Land im *Hutt Valley* war unbebaubar, die kargen Zelte und Hütten versanken im Sumpf, ein Erdbeben gab ihrem ersten Dorf *Brittania* den Rest. Sie suchten besseren Boden und fanden ihn gegenüber der Bucht dicht am Lambton Harbour im heutigen Stadtteil *Thorndon*. Als sich 1855 bei einem schweren **Erdbeben** die Küste um 1,4 m hob, vermehrte sich das bisher kaum vorhandene ebene Siedlungsland auf geradezu wunderbare Weise.

Vom heutigen *Lambton Quay* aus, an dem einst die Wasserlinie verlief, wuchs die neue Stadt mit dem Namen des Herzogs von **Wellington**. Die Bevölkerung der Südinsel kam sich vernachlässigt vor und wünschte sich seit Langem eine zentral gelegene Hauptstadt. Darum löste Wellington 1865 Auckland als **Kapitale** ab. Regierung und Verwaltung zogen um, in den 1870er-Jahren entstanden große Amtsbauten auf dem einstigen Meeresgrund. Zwar ging während der **Boomjahre** in der zweiten Hälfte des 20. Jh. viel vom viktorianischen Flair verloren, aber auch die modernen erdbebensicheren Glasbauten haben ihren Reiz und einige Gebäude im klassischen *Old England Style* haben die Neubauwellen auch überdauert.

Wellington

Heute leben etwa 183 000 Wellingtonians in **Wellington City**, in der gesamten Region (mit Kapiti, Porirua, Hut Valley und Wairarapa) wohnen knapp 450 000 Menschen. Wegen des Geländes fehlt jedoch der Raum für einen Großflughafen. Reisende steigen daher in Auckland oder im australischen Sydney in kleinere Flugzeuge um, die auf der in die Oriental Bay hineinragende Halbinsel *Miramar* landen können.

Architektenträume

Das 1990–92 neu gestaltete lebhafte **Civic Centre** ❶ am *Jervois Quay* ist ein guter Ausgangspunkt für einen Stadtrundgang. In dem modernen Bürgerzentrum, das sich als Gegenpol zum traditionellen Regierungsviertel (s. u.) versteht, stehen dicht nebeneinander Bauten der verschiedensten Stilrichtungen. Der kolossale Rundbau des **Michael Fowler Centre** ❷, multifunktionales Kongress- und Veranstaltungszentrum aus Glas und Beton, deutete 1985 erstmals, wenn auch noch vorsichtig, neue architektonische Wege an. Künstler aus aller Welt treffen sich hier alle zwei Jahre im März zum **Festival of Arts** (2010, 2012 ..., www.floridaartfestivals.com). Im Auditorium finden qualitätvolle Konzerte statt. Mühsam vor dem Abriss bewahrt, gibt die beinahe 100-jährige, im edwardianischen Stil erbaute **Town Hall** ❸ nebenan dem Stilmix des Centre eine elegante Note. In der **City Gallery** ❹ (Di–So 10–18 Uhr) gegenüber hat die zeitgenössische und Avantgardekunst viel Raum für Wechselausstellungen in der umgebauten alten Stadtbibliothek.

Sehr originell ist die benachbarte, erst vor wenigen Jahren erbaute **Central Library** ❺. Der renommierte neuseeländische Architekt *Jan Athfield* gab dem mit vielen Preisen bedachten *Haus der Bücher* eine pastellfarbene Fassade, an der eine vorgeblendete Palmenreihe aus Metall die Last des Daches stemmt.

Folgt man der Cable Street wenige Schritte nach Osten, erreicht man direkt am Wasser von **Lambton Harbour** Wellingtons größte Sehenswürdigkeit. Zehn Jahre haben die Wellingtonians auf das stolzeste Gebäude Neuseelands gewartet und 317 Mio. NZ $ dafür aufgebracht: Das **Te Papa Tongarewa Museum of New Zealand** ❻ (tgl. 10–18, Do bis 21 Uhr, www.tepapa.govt.nz) wurde 1998 eröffnet und gilt als eines der modernsten Nationalmuseen der Welt. Architekt *Ivan Mercep* baute das Dach als stilisierte Paua-Muschel. So fügt sich der erdbebensichere Zweiflügelbau massig und gewaltig, dennoch nicht zu schwer, in das vormalige Hafengelände ein. Auf 36 000 m^2 Ausstellungsfläche wurde das dreigeteilte **Leitbild** der Präsentationen umgesetzt: *Papatuanuku*, Mutter Erde als physischer Platz des neuseeländischen Volkes, *Tangata Whenua*, Platz der ersten

Das Te Papa Tongarewa Nationalmuseum zeigt Facetten neuseeländischen Lebens unter verschiedensten Gesichtspunkten; musikalische Größen des Landes sind nur ein Teil davon

Wellington

Freizeitvergnügen und Wassersport werden an der Queens Wharf groß geschrieben

Siedler und *Tangata Tiriti*, Platz für alle Rassen, die in Neuseeland leben. Eine zentrale Position nimmt das ins Museum integrierte Versammlungshaus *Marae* als Begegnungsort für alle Menschen ein.

Mit Hilfe von virtueller Technik, Simulation und interaktiven Angeboten werden **Zeitreisen** möglich – von der Entstehung Neuseelands aus der Urlandmasse Gondwanaland bis ins Wellington des Jahres 2055. Unter den rund 1 Mio. Exponaten sind besonders die der **Maorikultur** im Nordteil bemerkenswert, u. a. der *Marae Te Hauki-Turanga*, den Raharuhi Rukupo 1842 schnitzte. Theatersaal und Amphitheater im Freien ergänzen die Funktion des Museums als Kulturzentrum.

Queens Wharf und Lambton Quay

Vom quirligen Civic Centre führt die avantgardistische, mit maritimer und Maorisymbolik geschmückte **City-to-Sea Bridge** ❼ zur **Queens Wharf** ❽. Hier legen die Fähren nach Days Bay im Osten der Bucht ab und eine bunte Schar von Müßiggängern und Touristen genießt von den Cafés aus die Sicht über den Hafen. Das **Museum of Wellington City & Sea** ❾ (Mo–Fr 10–17 Uhr, www.museumofwellington.co.nz) logiert in einem früheren Lagerhaus am Beginn der Mole. Es zeigt allerlei Interessantes zur Hafen- und Stadtgeschichte, Schiffsmodelle, Wrackteile und Fotodokumentationen. Jenseits des **Wharf Retail and Leisure Complex** ❿ mit seinen vielen kleinen Boutiquen, Kunsthandwerksläden und Restaurants beginnt die Haupteinkaufsstraße **Lambton Quay** ⓫. Die schicksten Läden befinden sich im nördlichen Abschnitt in der Nähe des Regierungsviertels. Auf ihrer ganzen Länge aber ist in Einkaufspassagen und mehrstöckigen Arkaden Shopping die Devise. Als ruhigere Alternative bietet sich die enge Passage in 280 Lambton Quay an und danach eine Fahrt mit der seit 1902 bestehenden **Cable Car** ⓬ (alle 10 Min. Mo–Fr 7–22, Sa/So 8.30–22, Fei 9–22 Uhr, www.wellington.com/cablecar) zur Bergstation **Kelburn Heights** ⓭ auf 122 m Höhe. Innen ist eine kleine historische Ausstellung (Nov.–April tgl. 9.30–17.30, Mai–Okt. 9.30–17 Uhr, www.cablecarmuseum.co.nz) eingerichtet, vor der Tür bietet die Besucherplattform prächtige Ausblicke. Stillere Plätze bergen die hügelabwärts verlaufenden **Botanic Gardens** ⓮ (www.wbg.co.nz). 26 ha Buschland voll exotischer Bäume und Blumen, mit Teichen und Aussichtsplätzen, laden zu Spaziergängen ein. *Lady Norwood Rose Garden* im tiefer gelegenen Teil des Parks ist im Südsommer am schönsten, wenn 100 verschiedene Rosenarten in voller Blüte stehen. Östlich des Gartens findet man im **Early Settlers Memorial Park** ⓯ unterhalb der Stadtautobahn halb zerbrochene, grün überwucherte Grabsteine mit den verblassenden Namen der Pioniere. Eine Fußgängerbrücke über den lauten *Wellington Urban Motorway* führt von hier längs der Bowen Street hinunter ins Regierungsviertel und zum nördlichen Lambton Quay.

31 Wellington

Ein Ausflug mit der Cable Car Seilbahn legt dem Besucher Wellington geradezu zu Füßen

Parliament Area

Lambton Quay endet im Norden bei den **Old Government Buildings** ⓰, in die 1876 die Regierung einzog. Pompös, mit dorischem Säulenschmuck, wirken Mittelbau und Seitenflügel. Beinahe gelingt die Täuschung, doch die stolzen Bauten sind nicht aus Stein, sondern aus Kauri- und Rimuholz errichtet. Black Pine wurde im Innenausbau verwendet. Sorgfältig restauriert, dient der Gebäudekomplex heute dem **Erziehungsministerium**, die Regierung zog 1981 in einen modernen Rundbau nahebei. **Beehive** ⓱, ›Bienenkorb‹, nannten die Wellingtonians spontan dieses siebenstöckige Gebäude, das der Londoner Architekt *Basil Spence* entwarf. Nur schwer lässt sich ein Bezug zum kantigen **Parliament House** ⓲ (Führungen Mo–Fr 10–16 Uhr jew. zur vollen Stunde, Tel. 04/471 95 03, www. parliament. nz) nebenan finden, das 1921 aus Granit und Takaka-Marmor im Stil der britischen Neorenaissance erbaut wurde.

Überraschende Rundungen und Kurven zeichnen den Ministeriumsbau Beehive aus

Wellington

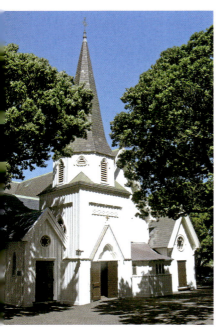

Ein Hauch von Alt-Wellington umgibt die Old St. Paul's Church

Wenige Schritte entfernt befindet sich in der Molesworth Street der moderne Bau der **National Library** ⓳ (Mo–Fr 9–17, Sa 9–13 Uhr, www.natlib.govt.nz). Unter ihren bibliophilen Kostbarkeiten finden sich frühe Reise- und Entdeckerberichte, vor allem aber Handschriften von James Cook. Den *Lesesaal* schmückt ein Wandgemälde von Cliff Whiting, das die Maorilegende über die Trennung von Vater Himmel und Mutter Erde darstellt.

Neben den **National Archives** ⓴ (Mo–Fr 9–17, Sa 9–13 Uhr, www.archives.govt.nz) mit historischen Originaldokumenten im *Constitution Room*, darunter die Women's Suffrage Petition von 1893 und der Treaty of Waitangi von 1840, steht in 34 Mulgrave Street die **Old St. Paul's Church** ㉑ (tgl. 10–17 Uhr, www.oldstpauls.co.nz). Alte Bäume beschatten die kleine anglikanische Holzkirche, die 1866 im Stil der englischen Neogotik erbaut wurde. Das beinahe dörfliche Gotteshaus war bis 1972 die Kathedrale von Wellington. Die Aufgabe, nicht aber die Behaglichkeit des mit heimischen Hölzern gestalteten Innenraumes, erbte die *Wellington Cathedral* gegenüber der National Library.

Nordöstlich liegt das historische Viertel *Thorndon*. Das Haus 25 Tinakori Road ist **Katherine Mansfield Birthplace** ㉒ (tgl. 10–16 Uhr, www.katherinemansfield.com), in dem die berühmte Erzählerin (1888–1923) ihre Kinderjahre bis 1893 verbrachte. Wenn auch die Inneneinrichtung jener Zeit rekonstruiert und nicht authentisch ist, besticht doch die Dokumentation über Leben und Werk der früh verstorbenen, unangepassten und in der bürgerlichen Welt Wellingtons nie glücklichen Schriftstellerin.

Strände, Buchten, Robben

Der 50 km lange **Marine Drive**, führt Wellingtons faszinierende Lage an der buchtenreichen Küste vor Augen. Sie beginnt am südlichen Lambton Harbour beim **Clyde Quay Wharf** ㉓, wo die Kreuzfahrtschiffe anlegen, und führt die Oriental Parade ostwärts. Rechterhand schmiegen sich noble Holzvillen an die Hänge, bei Point Jerningham laden kleine Jachthäfen und Strandbuchten zum Verweilen ein. Die abzweigende Straße zum *Lookout* führt zur Aussichtsterrasse des 196 m hohen **Mount Victoria** ㉔.

Hinter Point Jerningham öffnet sich Evans Bay. Die Straße drängt sich ans Wasser, führt am *Wellington International Airport* vorüber und umrundet die Halbinsel Miramar. An ihrer Nordspitze, einst Sitz eines Maori-Pa, steht jetzt **Massey Memorial** ㉕. Die Aussicht vom Gedenkplatz für den früheren Premierminister *William Ferguson Massey* ist prächtig: der helle Himmel über Port Nicholson, das hoch und steil überbaute Ufer und die glasglitzernden Wolkenkratzer der City.

Zwischen den Abhängen des Mount Crawford und dem Meer erfolgt die Weiterfahrt von Bucht zu Bucht, von Kap zu Kap. *Karaka Bay* und *Worser Bay* verfügen über hübsche Strände. In der schönen **Lyall Bay** ㉖, die sich hinter Gibraltar Rock und Moa Point gegen die Cook Strait öffnet, und in der *Island Bay* an der Südküste finden die Surfer hohe Wellen, die Straße endet wenig später in Ohwiro Bay. Zwischen März und September lohnt es sich, zu den vulkanischen **Red Rocks** ㉗ weiter zu wandern, wo man eine Robbenkolonie beobachten kann.

ℹ Praktische Hinweise

Information

VIC, Civic Square, Ecke Victoria Street/Wakefield Street, Wellington, Tel. 04/802 48 60, Fax 04/802 48 63, www.wellingtonnz.com

Flughafen

Wellington Airport, Stewart Duff Drive, 9 km südöstl. von Wellington. International Terminal für Flüge nach Australien und Domestic Terminal für Inlandsrouten. Shuttle-Busse zu Stadtzentrum, Bahnhof und Fähranleger her. **Info:** Tel. 04/385 51 23, www.wlg-airport.co.nz

Bahn

Wellington Railway Station, Bunny Str, Lambton Interchange, Wellington, Tel. 04/498 31 03, www.tranzmetro.co.nz, www.transzscenic.co.nz. Züge nach Auckland (u. a. *Overlander*), S-Bahnen, Überlandbusse, kostenlose Shuttlebusse zu Interislander-Fähren (ab Platform 9).

Öffentliche Verkehrsmittel

Städtische Busse, tgl. 7–23 Uhr auf allen wichtigen Routen, www.metlink.org.nz.

City Circular Bus, tgl. 10–16.45 Uhr, innerstädt. Rundkurs zu allen wichtigen Sehenswürdigkeiten, alle 15 Min. z. B. Cable Car Talstation, Te Papa, Cuba Mall.

Schiff

East by West Ferries, Queens Wharf, Wellington, Tel. 04/499 12 82, www.eastbywest.co.nz. Hafenrundfahrten und Ausflüge zu den Eastern Bays.

Interislander, Aotea Quay, 186 Victoria Street, Wellington, Tel. 08 00/80 28 02, www.interislander.co.nz. Tgl. Autofähren nach Picton auf der Südinsel (3,5 Std.), Dez.–April auch Lynx Fast Ferry (2 Std.).

Bluebridge, Waterloo Quay (gegenüber Railway Station), Wellington, Tel. 08 00/ 84 48 44, www.bluebridge.co.nz. Cook Strait Ferry nach Picton.

Stadtrundfahrt

Hammonds Scenic Tours, Ecke Victoria/ Wakefield Street, Tel. 04/472 08 69, www.wellingtonsightseeingtours.com. Solider Anbieter von Stadtrundfahrten und Ausflügen über den Marine Drive, an die Kapiti Coast und in das Wairarapa-Gebiet.

Hotels

******Bay Plaza Hotel**, 40–44 Oriental Parade, Wellington, Tel. 04/385 77 99, Fax 04/385 29 36, www.bayplaza.co.nz. Elegantes Hotel, nah zum Te Papa Museum und zum Jachtclub von Oriental Bay.

******Raffaele Hotel**, 360 Oriental Parade, Wellington, Tel. 04/384 34 50, Fax 04/ 384 36 52. Meerluft an Wellingtons ›Riviera‹, alle Zimmer mit Balkon zum Hafen.

*****Apollo Lodge**, 49 Majoribanks Street, Wellington, Tel. 04/385 88 79, Fax 04/ 385 18 46, www.apollolodge.co.nz. Edwardinische Chalets oder moderne Moteleinheiten. Gute Ausgangslage für Unternehmungen aller Art.

*****Shepherds Arms Hotel**, 285 Tinakori Road, Tel. 04/472 13 20, Fax 04/472 05 23, Wellington, www.shepherds.co.nz. Renoviertes Haus von 1870 im Kolonialstil im historischen Stadtteil Thorndon.

*****Tinakori Lodge**, 182 Tinakori Road, Wellington, Tel. 04/939 34 78, Fax 04/ 939 34 75, www.tinakorilodge.co.nz. Die alte Villa bietet neun nette Zimmer.

Restaurants

The Backbencher Pub, Ecke Molesworth/Sydrey Street, Wellington, Tel. 04/472 30 65. Originell, Cartoons an den Wänden, das Essen ist kräftig und gut.

Her Street Brasserie, Waterfront, Wellington, Tel. 04/384 94 70. Neu und modern, internationale Küche und schöner Hafenblick.

Shed Five, Queens Wharf, Wellington, Te . 04/499 90 69. Hell und luftig. In eine umgebaute Lagerhalle zog Jugendstil ein. Viel Trubel. Die schicken Gäste lassen sich köstliche Seafood-Platten munden.

Top TIPP **The White House Restaurant**, 232 Oriental Parade, Wellington, Tel. 04/385 85 55. Das historische Haus bietet stimmungsvolles Ambiente und ›upstairs‹ eine kreative Küche für besondere Abende.

Angesagt ist das Shed Five an der Queens Wharf – die Bar ist ein beliebter Treffpunkt

Marlborough Sounds und Tasman Bay – Wasserlabyrinth und grünes Bergland

Urwaldbedeckte Hügel, unzählige Meerarme, sonnendurchflutete Irrgärten aus Inseln und Halbinseln geben den **Marlborough Sounds** an der zerklüfteten Nordostküste von South Island Farbe und Rhythmus. Nördlich der Kleinstädte **Picton** und **Havelock** liegen die Fjorde *Queen Charlotte*, *Kenepuru* und *Pelorus Sound*. In ihrem dunklen Blau spiegeln sich wenig besuchte Strände, romantische Jachthäfen, einsame Felsenklaven, nie bestiegene Berge und weltferne Inseln wie *D'Urville Island*. Westwärts rahmen die weiten, hellen Golfe **Tasman** und **Golden Bay** das fruchtschwere Land um die Ortschaft **Nelson**, prächtige Baumfarnwälder im **Abel Tasman National Park** und verträumte Badestrände mit Quarzkristallen, die in der Sonne funkeln. Den Endpunkt dieser einzigartigen Küste bildet die Sandbank von **Farewell Spit**, wo Tölpel nisten und an der Wale auf ihrer Winterreise vorüber ziehen.

32 Picton

Der 4000-Seelen-Ort ist das Tor zu den Sounds und zur ganzen Südinsel.

Von bewaldeten Bergen geschützt, liegt das kleine Hafenstädtchen Picton am schmalen Südende des **Queen Charlotte Sound**. Schon die Anreise ist ein Erlebnis. Die Fähren von Wellington queren die *Cook Strait*, umfahren das vorgelagerte *Arapawa Island* im Süden und gleiten durch den Tory Channel in die romantische Wald- und Wasserlandschaft des 58 km langen Sund.

Vor 500 Jahren siedelte der Stamm der **Rangitane** an den Hügelhängen der Flusstäler, die das in der letzten Nacheiszeit beträchtlich ansteigende Meer so pittoresk überspült hatte. Captain Cook entdeckte die unzähligen Wasserarme dieser Küste im Januar 1770. Er ankerte in der Ship Cove Bay von **Motuara Island** am Nordrand der Sounds und ergriff im Namen der Krone von South Island Besitz. Jahrzehnte später folgten ihm Walfänger, 1848 die ersten weißen Siedler. An diese Zeit erinnern zwei historische Schiffe, die am **Shelley Beach** beim Jachthafen von Picton ankern: der 100 Jahre alte Zweimaster *Echo* und der 150-jährige Dreimaster *Edwin Fox* an der Dunbar Wharf, dem ein kleines *Historic Museum* (tgl. 9–17 Uhr) angeschlossen ist. Entlang der Uferstraße locken zahlreiche Anbieter mit **Rundfahrten** durch die Sunde und **Mietbooten** jeder Art.

Nur ausdauernde Wanderer sollten sich für den 67 km langen **Queen Charlotte Walkway** entscheiden. Er führt von dem Dorf *Anakiwa* westlich von Picton über die Bergkämme der Kenepuru Halbinsel und durch zauberhaften subtropischen Regenwald zur malerischen *Ship Cove Bay* am nordöstlichen Ende der Landzunge. Man kann den Walkway auch in Teilstrecken bezwingen. Vorbestellte Boote setzen und holen Wanderer an jeder gewünschten Bucht ab. Die beliebteste Etappe ist der **Endeavour Track** zwischen Camp Bay und Ship Cove Bay. In Wäldern aus Baumfarnen und Nikaupalmen sieht man olivgrüne Bellbirds und schwarze Parsonbirds, Fantails genannte Graufächerschwänze und Tomtits, die sog. Maorischnäpper.

Bequemer kann man auf dem 17 km langen **Queen Charlotte Drive** zwischen Picton und Havelock Natur erleben. Die schmale und kurvige Strecke windet sich im Schatten von Urwaldbäumen und

◁ *Wunderbare Wasserwelt in den weit verzweigten Marlborough Sounds* (**oben**), *feinsandige Traumstrände wie die Awaroa Bay bietet der Abel Tasman National Park* (**Mitte**) *und im Hafen von Havelock dreht sich alles um das Big Game Fishing* (**unten**)

32 Picton

Baumfarnen an den steilen, teils felsigen Südufern des Queen Charlotte Sound entlang. Abgeschiedene Buchten wie *Momorangi Bay* an einem Seitenarm des Sunds verlocken zum Bleiben.

ℹ Praktische Hinweise

Information
VIC, Forshore, Picton, Tel. 03/520 31 13, Fax 03/573 50 21, www.picton.co.nz

Schiff
Cougar Line, Waterfront, Picton, Tel. 03/573 79 25, www.cougarline.co.nz. Bietet Ausflüge und Bootunterstützung beim Wandern.

Interislander und **Bluebridge** (s. S. 83).

Hotels
******Te Mahia**, Bay Resort Kenepouru Sound, Tel./Fax 03/573 40 89, www.temahia.co.nz. Neues Motel in besaulicher Bilderbuchlage am Ufer des Sound.

*****The Yacht Club Hotel**, 25 Waikawa Road, Picton, Tel. 03/573 70 02, Fax 03/573 77 27, www.theyachtclub.co.nz. Modernes Haus und vorzügliches Restaurant Chartroom an der Picton Marina.

*****Punga Cove Resort**, Endeavour Inlet, Tel. 03/573 43 09 und 03/579 85 61, Fax 03/579 80 80, www.pungacove.co.nz. Absolut ruhiger Rastplatz mit Komfort am Queen Charlotte Walkway. Gäste können vor Ort Dingis mieten.

Restaurant
Marlborough Terranean, 31 High Street, Picton, Tel. 03/573 71 22. Frische Meeresfrüchte und köstliche Lammgerichte.

33 Havelock

Das Fischerdorf ist Ausgangspunkt für Touren zu Pelorus und Kenepuru Sound.

Unweit der alten **Goldfelder** von Wakamarina und Cullen Creek galt die damalige *Boom town* Havelock am Ende des Kenepuru Sound vor 100 Jahren als Ort der ruppigen Lebensart. Heute ist sie wieder ein kleines biederes **Fischerdorf**, allerdings mit einer bedeutenden Greenshell-Muschelzucht und den besten Fangplätzen für Snapper weit und breit. Zu erholsamen Touren in die Wasserlandschaft von Mahau, Kenepuru und Pelorus Sound lädt das in Havelock startende **Mailboat** (Postboot) ein.

Von Havelock steigt der SH 6 westwärts in eine gebirgige Landschaft nach *Pelorus Bridge* und weiter nordwärts nach *Rai Valley* an, wo eine kehrenreiche Stichstraße nach *Tennyson Inlet* und zur Meerenge **French Pass** abzweigt. Die Insel gegenüber der schmalen, meist aufge-

Für viele zwar wunderschön, aber einsam gelegene Anwesen in den Marlborough Sounds erhält das täglich verkehrende Postboot die Verbindung zur Außenwelt aufrecht

34 Nelson

Ungewöhnlichen Fassadenschmuck kann man am Highway 6 bei Havelock sehen

wühlten Wasserstraße trägt den Namen ihres europäischen Entdeckers Jules Sébastian Dumont D'Urville (1790–1842). Der ebenfalls *French Pass* genannte winzige Weiler an der gleichnamigen Meeresstraße ist Ausgangspunkt für Abstecher nach **D'Urville Island**, einem der letzten absoluten Wildnisreservate Neuseelands und Dorado für Angler, Kajakfahrer und Taucher, Mountainbiker, Wanderer und Vogelfreunde.

Praktische Hinweise

Information
Havelock Information, 60 Main Road, Havelock, Tel. 03/574 26 33, Fax 03/574 23 05, www.havelock.co.nz

Hotels
**French Pass Motel, French Pass, Havelock, Tel. 03/576 52 04. Überaus freundliche Gastgeber in der Wildnis. Boote, Angel- und Tauchausrüstung können gemietet werden.

Waterfall Bay Homestay, Port Ligar, Picton, Tel./Fax 03/576 52 56, www.waterfallbay.co.nz. Ruhige Lodge im Busch, etwas erhöht über der Bucht gelegen.

Restaurant
Slip in, Marina, Havelock, Tel. 03/574 23 45. Die Küche empfiehlt sich mit frischen Muscheln und Fischen aus den Marlborough Sounds.

34 Nelson

Künstler und Kunsthandwerker lieben das Ambiente der Hafenstadt.

Das gibt es in Neuseeland nur selten: wenig Regen, täglich sieben Stunden Sonnenschein und ein herrlich mildes Klima. Nelson am Südostende der **Tasman Bay** mit alten Holzhäusern, Cottages und Grünanlagen, ist eine prosperierende Stadt mit 48 000 Einwohnern. Konservative Bürger, alternative Künstler, Pazifisten und Traditionalisten, Holzschnitzer, Töpfer, Glasbläser und Weber leben hier in guter Nachbarschaft. Ein **Arts & Craft Trail** führt zu Ateliers und Werkstätten.

Nelson geht auf die kleine Maorisiedlung **Wakatu**, ›sicherer Ankerplatz‹, zurück. Ein Name, der sich als Irrtum entpuppte, denn 1828 zog Häuptling **Te Rauparaha** mordend durch die kleinen Fischerdörfer an der Tasman Bay. Als 1839 Arthur Wakefield und drei Jahre später die ersten Siedlerschiffe mit deutschen **Einwanderern** an Bord eintrafen, kamen sie in ein fruchtbares, fast menschenleeres Land. Die Weißen siedelten am Oberlauf des *Moutere River*. Außer dem Ortsnamen Neudorf, der die Zeiten überdauerte, findet man deutsche Namen aber fast nur noch auf den grün überwucherten Grabsteinen der Friedhöfe.

Nelson liegt in einem nach Südwesten hin offenen Tal zwischen *Richmond* und *Arthur Range*. Auf den sonnenverwöhnten Böden wachsen Obst, Weinreben, Tabak und Hopfen, und der Ort gedieh von Anfang an rasch. Queen Victoria ließ schon 1858 die Urkunde zur **Stadterhebung** übermitteln.

Bekanntester Sohn der Region ist **Ernest Rutherford**, der sein Einmaleins in der Volksschule von Havelock lernte und sich danach in Nelson die ersten Grundlagen für seine Forschungen aneignete. Der spätere Nobelpreisträger – ihm gelang die erste künstliche Kernreaktion – studierte in Christchurch und wanderte später ins englische Cambridge aus. In den Adelsstand erhoben, trug er den Titel *Lord Rutherford of Nelson*.

Weithin sichtbares Wahrzeichen der Stadt ist die aus Takaka-Marmor und Beton in Kreuzform errichtete, 1967 fertiggestellte **Christ Church Cathedral** (tgl. 7–20 Uhr, www.nelsoncathedral.com) auf dem zentralen *Church Hill*. Die Kirche selbst ist zwar schmucklos, doch ihr Bauplatz geschichtsträchtig: Nacheinander standen hier ein Maori-Pa, die britische Festung Fort Arthur, das Kirchenzelt Bischof Selwyns und eine frühe Holzkirche. Von der Freitreppe der Kathedrale hat man einen schönen Blick über Stadt und Meer.

Hügelabwärts gelangt man über die *Trafalgar Street* und die kreuzende *Bridge Street* zur 1889 eingerichteten **Suter Art Gallery** (tgl. 10.30–16.30 Uhr, www.thesuter.org.nz) in die *Queens Gardens*. Als Vermächtnis von Bischof Andrew Suter zeigt sie eine gute Gemäldesammlung mit Aquarellen aus der Kolonialzeit, James Webbers Stimmungsbild *Ship Cove* und Maoribildnissen von Gottfried Lindauer und Frances Hodgins.

Nicht weit davon zeigt an der Ecke Trafalgar Street und Hardy Street, eingetragen als Town Acre 445, das regionalgeschichtlich neu konzipierte heimatkundliche **Nelson Provincial Museum** (Mo–Fr 12.30–16.30 Uhr, www.museumnp.org.nz) Exponate von der Maori- bis zur Neuzeit.

Für einen weiteren Blick in die Vergangenheit lohnt sich ein Besuch im **Founder's Park** (tgl. 10–16.30 Uhr) am *Atawhai Drive* im Norden der Stadt. Es ist ein Freilichtmuseum mit renovierten und nachgebauten historischen Gebäuden, u. a. Lord Rutherfords Geburtshaus.

Den Ruf Nelsons als Ferienziel rechtfertigen seine **Strände**, z. B. der 5 km entfernte **Tahunanui Beach** und der 13 km

In weiten Teilen naturbelassene Wildnis hat der Nelson Lakes National Park zu bieten

35 Abel Tasman National Park

Vom Meer her lässt sich der Abel Tasman National Park gut mit dem Kajak erkunden

lange, waldgesäumte Sandstrand von **Rabbit Island**, das über eine Straße erreichbar in der Bucht liegt.

Ausflug

Das fruchtbare Umland von Nelson geht 120 km im Südwesten der Stadt in eine erstaunlich alpine, bis auf 2000 m ansteigende Landschaft über. Highway 63, bei Owen Junction vom SH 6 abzweigend, erreicht beim Bergdorf *St. Arnaud* den Zugang zum **Nelson Lakes National Park**. Wanderwege zu abgelegenen Hütten erschließen eine grandiose Gipfelszenerie. Seine romantische Note erhält das stille Inland der Südinsel durch die beiden lang gestreckten buchenwaldumgebenen Seen *Rotoiti* und *Rotoroa*.

ℹ Praktische Hinweise

Information

VIC, 77 Trafalgar Street, Nelson, Tel. 03/548 23 04, Fax 03/546 73 93, www.webnz.com/nelson

Hotels

******Rutherford Hotel**, Trafalgar Square, Nelson, Tel. 03/548 22 99, Fax 03/546 30 03, www.rutherfordhotel.co.nz. Kosmopolitisches Haus mit heimischem Charme. Ausgezeichnete Küche.

*****Trailways Motor Inn**, 66 Trafalgar Str, Nelson, Tel. 03/548 70 49, Fax 546 84 95. Angenehmes Haus mit exzellentem Restaurant jenseits des Maitai River.

Restaurant

Boat Shed Café, 350 Wakefield Quay, Nelson, Tel. 03/546 97 83. Feine Fischgerichte in einem Bootshaus über dem Wasser von Nelson Harbour.

35 Abel Tasman National Park

Regenwald mit Riesenfarnen umarmt verschwiegene Flüsse und Strände.

Der 1942 eröffnete, mit 22 350 ha Neuseelands kleinster **Nationalpark** erstreckt sich auf einem Landvorsprung zwischen Tasman und Golden Bay. Das Schutzgebiet besteht aus traumhaften Sandstränden, kleinen Inseln, Lagunen, Quellflüssen, Buschwald, Tafelland und mäßig hohen, bewaldeten Bergen.

Der SH 60 führt von Nelson 52 km an der Westküste der Tasman Bay entlang nach *Motueka*. Im Norden des im Sommer sehr betriebsamen Dorfes zweigt eine enge Nebenstraße nach *Kaiteriteri* und *Marahau* am südlichen **Parkeingang** ab. Von hier aus geht es nur per Boot, auf Schusters Rappen, zu Pferd oder per Mountainbike weiter. Wer sich für Kajakfahrten von Bucht zu Bucht entlang der Küste entscheidet, findet ruhiges tür-

35 Abel Tasman National Park

Auch auf Badevergnügen an hellen feinen Sandstränden wie hier dem Kaiteriteri Beach muss man bei einem Besuch des Abel Tasman National Park nicht verzichten

kisfarbenes Meer, sichelförmige südseeähnliche Strände und Busch vor, der die Küstenfelsen wie mit grünem Samt überzieht. Mehrere Agenturen in Marahau bieten Sea Safaris und geführte Touren mit Mietkajaks an.

Zu den *Great Walks* zählt der vielbegangene **Abel Tasman National Park Coastal Track**, ein vier Tage dauernder leichter Küstenwanderweg zwischen Marahau und Totaranui im Norden des Parks, der schöne Meeresbuchten wie Perlen aneinanderreiht. Höhepunkt der Wanderung ist die tief eingeschnittene *Awaroa Bay*. Sie bietet weite Strände, Muschelbänke, Wattflächen und ausreichend Unterkunftsmöglichkeiten. Fast überall entlang des Tracks kann man sich von Wassertaxis abholen lassen.

Highway 60 führt in weitem Kreis an den Parkgrenzen vorbei nach Takaka im Norden. Unterwegs ist bei Upper Takaka ein Abstecher in den **Kahurangi National Park** möglich und weiter über eine abenteuerliche Urwaldpiste in das landschaftlich großartige **Cobb Valley**, in dem ein Stausee riesige Wassermassen hortet.

Bei Takaka sind die Strände wunderschön. Nordwestlich quillt **Pupu Springs**, eine der mächtigsten Frischwasserquellen der Erde, vehement durch Felsspalten empor. An ihr vorbei windet sich eine schmale Seitenroute ostwärts durch einen Landstrich mit erstaunlichen Karstformationen nach Tarakohe an der **Golden Bay**. Die Säule **Abel Tasman's Memorial** erinnert an das erste Einlaufen der Schiffe *Heemskerck* und *Zeehaen* unter Leitung Tasmans im Dezember 1642. Der Tag endete tragisch, denn Maori töteten vier Matrosen des Beiboots. Tasman taufte die Bucht *Murderers Bay* und segelte weiter, ohne das Land zu betreten. Ihren Namen wurde die Bucht erst wieder in den Tagen des Goldbooms los.

ℹ Praktische Hinweise

Information

VIC, Wallace Street, Motueka, Tel. 03/528 65 43, Fax 03/528 65 63, www.abeltasmangreenrush.co.nz. – **VIC**, Willow Street, Takaka, Tel. 03/525 91 36

Schiff

Abel Tasman Sea Safaris, Marahau, Tel. 03/527 80 83. Bootsservice von und zu den Buchten des Coastal Track.

Hotels

***Abel Tasman Marahau Lodge**, Beach Road, Marahau, Tel. 03/527 82 50, Fax 03/527 82 58, www.abeltasman

marahaulodge.co.nz. Komfortable Lodge am Eingang zum Nationalpark.

**Motueka Garden Motel, 71 King Edward St., Motueka, Tel. 03/528 92 99, Fax 03/528 62 84. Moderne Units in großem Garten. Sichere Parkplätze für Abel Tasman Walkers, leider ein Muss.

36 Collingwood und Farewell Spit

Wo die befahrbare Straße endet, beginnt das Reich der Seevögel.

Das Gold im hier mündenden Aorere River gab der *Golden Bay* an der westlichen Nordküste von South Island den Namen. Der *Rush* war kurz. Nicht mehr als drei Jahre, 1857–60, stand der kleine Küstenort **Collingwood** am Ende des SH 60 im Zentrum landesweiten Interesses. Längst sind die Spuren der Goldgräber verwischt und lediglich im Friedhof als Memento sichtbar.

Wanderer stoppen in dem bescheidenen Ort meist, um sich für den **Heaphy Track** zu rüsten. Der 78 km lange Great Walk verbindet die Golden Bay durch den nördlichen Kahurangi National Park mit der West Coast. Er führt durch Tussockwiesen und Buchenwälder, über atemberaubende Hängebrücken und durch weite Nikaupalmwälder. Bei Heaphy Hut erreicht er die Küste der Tasman Sea und schlängelt sich von dort südwärts durch üppigstes Grün bis *Kohaihai Shelter* in der Nähe von Karamea. Für den Rückflug kann man dort Aerotaxis mieten.

Eine Seitenstraße führt von Collingwood über Pakawau zur ebenso schönen wie abgelegenen **Whanganui Bay**, wo die Wellen der Tasman Sea oft spektakulär aufgewühlt heranrollen.

TCP TIPP Über Pakawau erreicht man **Farewell Spit**, den nördlichsten Punkt der Südinsel. Östlich von *Cape Farewell* haben Meer und Wind die schmale, 35 km lange Nehrung aus Quarzsand geschaffen, die die Golden Bay schützend im Norden umfängt. Spaziert man die 4,2 km am Farewell Spit entlang, bietet sich eine ungewöhnlich ruhige Szenerie: nichts als Sand, Dünen, Meer und wundervolles wechselndes Licht – ein **Naturschutzgebiet** für Watt-, See- und Zugvögel und eine große Tölpelkonie. Mit etwas Glück kann man sogar Seelöwen und vorbeiziehende Wale sehen. Alternativ fahren die Busse von Safari Tours (Tel. 03/524 82 57) auch ab Collingwood entlang der Nehrung.

Praktische Hinweise

Information
Farewell Spit Visitor Centre, Puponga, Tel. 03/524 84 54

Hotel
**Collingwood Beachcomber Motel, 1 Tasman Street, Collingwood, Tel. 03/524 84 99. Gemütliche Zimmer zwischen Main Street und Strand.

Respektvoller Abstand zum Hooker's Sealion – an Neuseelands Stränden ist Platz genug dafür

West Coast –
Regenwald mit Gletschereis

Die Westküste der Südinsel liegt zwischen den stürmischen Brandungswellen der Tasman Sea und den eisstarrenden Höhen der *Southern Alps*. Der schmale Landstrich ist wild, rau, urwüchsig und nur dünn besiedelt, jedoch eine erstaunliche Region: Pelzrobben sonnen sich am **Cape Foulwind**, zu fantastischen Formationen türmen sich die bizarren **Pancake Rocks** an der Küste des *Paparoa National Park*. Schwarze Sturmvögel nisten in den steilen Kliffen bei **Razorback Point**, Silberreiher gleiten majestätisch über das kobaltblaue Wasser der **Okarito Lagoon** und die eisigen Gletscherzungen von **Franz Josef Glacier** und **Fox Glacier** reichen im *Westland National Park* herab bis auf 300 m Höhe in den immergrünen Regenwald.

37 Westport

Pelzrobben und ein steifer Südwest.

Die kleine Hafenstadt Westport erstreckt sich an der Mündung des *Buller River* in die südliche *Karamea Bight*. Von Nelson her kommend folgt der SH 6 in seinem letzten Abschnitt dem Fluss durch die von steilen Felswänden gesäumte **Buller Gorge**. Wildwasserfahrer und Jetboat-Enthusiasten haben die enge Schlucht in den letzten Jahren als ultimativen Abenteuerspielplatz entdeckt.

Westport, im 19. Jh. als Versorgungsstadt der landeinwärts gelegenen Goldfelder gegründet, lebt heute von Zementproduktion und Steinkohleabbau. Mit Sachkenntnis und Liebe ist in der Queen Street South das **Coaltown Museum** (tgl. 9–16.30 Uhr, Tel. 03/789 82 04) gestaltet, das in erster Linie über die Welt des hiesigen Kohlebergbaus informiert. Weitere Themen sind Goldgräberei, Mineralien, Erdbeben, Pionierdasein sowie Transport zu Wasser, zu Lande und in der Luft.

Wie eine Nase ragt **Cape Foulwind** südwestlich von Westport in die Tasman Sea und schützt das Städtchen vor allzu heftigen Böen. Hier entwickelt man spätes Verständnis für James Cook: Die ›widrigen Winde‹, derentwegen er dem Kap den unfreundlichen Namen gab, wehen noch heute rund um den *Leuchtturm* auf den 70 m hohen Klippen. Von der Brücke über den Buller River in Westport führt eine ausgeschilderte Straße nahe an das Kap heran und zum Startpunkt des **Cape Foulwind Walkway**. Oberhalb der steilen Klippen wandert man 4 km nach Süden zur *Tauranga Bay*. Dort kann man zwischen Ende November und Ende Januar von einer Aussichtsplattform aus eine *Pelzrobbenkolonie* beobachten.

Begegnungen wagen – Mensch und Seelöwe treffen sich am Strand von Cape Foulwind

◁ *An der West Coast können Besucher die eisige Welt des Franz Josef Gletschers (**oben**) ebenso erkunden wie die grünüberwucherten Ufer des Milford Sound (**unten**)*

Westport

Spielerei der Natur – die Pancake Rocks erinnern an Stapel von Pfannkuchen

Praktische Hinweise

Information
VIC, 1 Brougham Street, Westport, Tel. 03/789 66 58, Fax 03/789 66 68, www.westport.org.nz

Hotel
**Chelsea Gateway Motor Lodge, Ecke Palmerston/Bentham Street, Westport, Tel. 03/789 68 35, Fax 03/789 63 79, www.chelseagateway.co.nz. Die 20 großen Studios sind sehr gut eingerichtet.

38 Paparoa National Park

Wie Pfannkuchen aufgeschichtete Felsen und ein Küstenregenwald.

Der Ort **Punakaiki**, 59 km südlich von Westport, liegt im Zentrum des 1987 gegründeten, mit 30 500 ha relativ kleinen Paparoa National Park. Nahe dem dortigen *Visitor Centre* führt der **Dolomite Point Track** in 30 Min. zu den berühmten **Pancake Rocks** an der Küste. Selten kann man so anschaulich nachvollziehen, wie die Kräfte des Meeres und der Erosion wirken. Vor rund 30 Mio. Jahren hoben tektonische Veränderungen den damaligen Meeresboden aus dem Wasser. Wind und Wetter spülten dann den wasserlöslichen Kalk aus dem Gestein und ließen widerstehende Tone als breite Bänder zurück. Übereinander sehen diese nun aus wie gestapelte *Pfannkuchen*. An der Oberfläche der Felsen schießt Meerwasser, das bei Flut und schwerer See in unterirdische Gänge gepresst wird, in sog. *Blowholes* fontänenartig heraus.

Auf der östlichen Seite des Highways erstreckt sich der Paparoa National Park weit landeinwärts. 2–3 Tage kann man auf dem **Inland Pack Track** einer alten

39 Greymouth

Goldclaims und der liebliche Lake Brunner.

Greymouth an der Mündung des *Grey River* ist mit 13 000 Einwohnern die größte Stadt an der West Coast. Die reichen Vorkommen von Gold, Kohle und Holz zogen in mehreren Siedlungswellen Pakeha an, doch sie blieben meist nicht lang. Es regnet viel, der Wind **Barber** aus dem Tal kann eiskalt sein und ehe die Deiche am *Mawhera Quay* errichtet wurden, setzten Tasman Sea und Grey River die Stadt immer wieder unter Wasser.

Als **Ausgangspunkt** für vielfältige Ausflüge in die Umgebung erfreut sich Greymouth jedoch bei Touristen recht großer Beliebtheit. Im Nordosten der Stadt zweigt bei Stillwater vom SH 7 die Zufahrt zu dem schönen, einsamen **Lake Brunner** ab. Im größten See der Westküste wachsen *Brown trouts*, braune Forellen, zu wahren Giganten heran. Lizenz und Leihboote erhält man in der *Lake Brunner Lodge* am Seeufer, wo man seinen Fang auch zubereiten lassen kann.

Ein rührender Versuch, die turbulenten 1860er-Jahre wiederzubeleben, ist 12,5 km südlich von Greymouth das nachgebaute Goldgräberstädtchen **Shantytown** (tgl. 8.30–17 Uhr, www.shantytown.co.nz) mit uralter Kirche, Saloon, Bank, Gefängnis und Dampflok. Hier kann man sein **Goldgräberglück** auf die Probe stellen, und wer tatsächlich Edelmetall aus dem Grus wäscht, darf es behalten.

Goldgräberroute folgen. Sie beginnt am *Fox River* nördlich von Punakaiki und endet an der Mündung des *Punakaiki River*. Zahlreiche Flussüberquerungen und das Fehlen von Hütten machen die Tour durch üppigen Tieflandregenwald anspruchsvoll. Rimu- und Miro-Bäume, Farne und Nikaupalmen, dicht mit Flechten behangene Stämme, bemooste Steine, Lianen, deren Ranken ein dichtes Gitterwerk bilden, und die unzähligen Höhlen des Karstgebiets schaffen eine beinahe unwirkliche Kulisse. Am Ende des Tracks kann man zwischen Mai und Oktober südlich des Punakaiki River in den Kliffhöhlen beim **Razorback Point** die sehr seltenen schwarzen *Westland-Sturmvögel* beobachten.

Praktische Hinweise

Information

Paparoa National Park Visitor Centre, SH 6, Punakaiki, Tel. 03/731 18 95, Fax 03/731 18 96. Vermittelt u. a. erfahrene Führer für den Inland Pack Track.

Hotel

***Punakaiki Rocks Hotel**, Main Road/SH 6, Punakaiki, Tel. 03/731 11 68, Fax 03/731 11 63, www.punakaikirockshotel.co.nz.. Gut in die Umgebung eingepasstes Haus am Strand mit einem fabelhaften Ausblick auf die wilde Westcoast.

Goldwaschen in Shantytown – die etwas andere Art, seinen Urlaub zu finanzieren

Praktische Hinweise

Information
VIC, Ecke Mackay/Herbert Street, Greymouth, Tel. 03/768 51 01, Fax 03/768 03 17

Hotels
****Lake Brunner Lodge**, Inchbonnie Road, Mitchells R.D.1, Kumara, Tel./Fax 03/738 01 63, www.lakebrunner.com. Familiäre historische Lodge (1868) direkt am See mit viel Charme und Komfort.

***Ashley on the Coast**, 74 Tasman Str, Greymouth, Tel. 03/768 51 35, Fax 03/768 03 19, www.hotelashley.co.nz. Kleines gepflegtes Hotel mit Hallenbad und Bramley's Brasserie im Süden der Stadt.

Restaurant
Café Collage, 115 Mackay Street, Greymouth, Tel. 03/768 54 97. Das Lokal im Art-Deco-Stil serviert im 1. Stock erfrischend naturbelassene Speisen.

40 Arthur's Pass National Park

Bahnfahren von seiner schönsten Seite.

Der südöstlich von Greymouth an der SH 73 gelegene Nationalpark ist nach *Sir Arthur Dobson* benannt, dem Landvermesser, der 1864 die Route zwischen West Coast und Christchurch quer durch die Berge der Southern Alps fand. Noch im März 1864 steckte man die Strecke ab, im Winter 1864/65 baute man mit einer Tausendschaft von Maori und Chinesen eine **Kutschenstraße** zur Passhöhe und ab 1866 war die transalpine Verbindung für Passagiere offen. Der heutige **Highway 73** folgt dieser Route, von *Kumara Junction* über enge Serpentinen durch die *Otira Gorge* zum 924 m hoch gelegenen Dorf Arthur's Pass und weiter nach Christchurch.

Schwieriger als der Straßenbau entpuppte sich die Verlegung der **Eisenbahntrasse** über den Pass. 19 Tunnel mussten gegraben, waghalsige Viadukte und Brücken angelegt werden, ehe der erste Zug 1923 die Strecke bewältigte. Straße und Bahnlinie führen durch eine prachtvolle *Gebirgslandschaft*. Die 231 km lange Fahrt mit dem **Tranz Alpine Express** von Greymouth nach Christchurch oder zurück zählt zu den schönsten Eisenbahnrouten der Welt.

Aus dem einstigen Arbeitercamp zwischen steilen Waldhängen in 921 m Höhe auf dem Pass entstand die kleine Feriensiedlung **Arthur's Pass**. Sie ist Tor zum **Arthur's Pass National Park**, einer faszinierend vielfältigen hochalpinen Landschaft mit nahezu 30 Gipfeln über 1800 m. Das Pflanzenspektrum reicht von küstennahem Regenwald bis zu hochalpiner Flora, die ostwärts in buchenbestandenen Hügeln und Tussockebenen ausklingt.

Praktische Hinweise

Information
VIC, Arthur's Pass Village, Tel. 03/318 92 11, Fax 03/318 92 10

Hotel
The Chalet, Main Road, Arthur's Pass, Tel. 03/318 92 36, www.arthurspass.co.nz. Zentrumsnahe kleine Pension im europäisch-alpinen Stil.

41 Hokitika

Bekannt für originellen Schmuck aus Greenstone und Paua-Muscheln.

›Hoki‹ nennen West Coaster den kleinen Hafenort an der Mündung des Hokitika River. Sein Zentrum bilden mehrere restaurierte Gebäude aus den 1870er-Jahren um den säulengeschmückten weiß-beigen Uhrturm **Clock Tower** an der zentralen Straßenkreuzung. Westlich davon er-

Ob Schmuck oder Kunst, Hokitika ist die Hochburg der Greenstone-Schnitzereien

Hokitika

Der Uhrturm von Hokitika an der Kreuzung von Sewell und Weld Street wurde zum Andenken an die Krönung des englischen Königs Edward VII. Anfang des 20. Jh. errichtet

streckt sich die **Heritage Area** mit ihren historischen Bauten.

Längst sind die **Golden Days** vorbei, als Mitte des 19. Jh. die *Digger* der umliegenden Goldminen ihr Geld in Hokitikas sprichwörtlichen 100 Kneipen ausgaben und täglich neue Glücksritter an der heute schön restaurierten Wharf am *Gibson Quai* an Land gingen. Erinnerungsstücke und Dokumente aus dieser turbulenten Zeit, Maorikunst und Jadeschmuck zeigt das **Historical Museum** (Jan.–März tgl. 9.30–17, April–Dez. Mo–Fr 9.30–17, Sa/So 10–14 Uhr, Tel. 03/755 68 98) in der Touristeninformation Ecke Tancred und Hamilton Street. Der touristische Aufschwung gelang im 20. Jh. durch die Verarbeitung der in allen Regenbogenfarben schillernden **Paua-Muscheln** sowie durch das Schleifen von **Greenstone** (Nephrit-Jade). Auch heute noch gibt es im nahen Arahura River reiche Vorkommen von *Pounamu*, wie Maori den ihnen heiligen Greenstone nennen. In der Stadt bieten Juweliere und Souvenirshops eine Fülle von **Jadeschmuck**, aber auch Gold- und kunstgewerbliche Holzarbeiten an.

Ausflüge

30 km südlich von Hokotika liegt die Kleinstadt **Ross** (www.ross.org.nz). 1907 fand hier ein ›Hans im Glück‹ am Nordufer des *Jones Creek* einen über 6 Pfund schweren Klumpen reinen Goldes. Unter dem Namen *Honourable Roddy* brachte man den größten je in Neuseeland gefundenen Nugget als Krönungsgabe für George V. nach London, wo er zu königlichem Besteck verarbeitet wurde.

Nach Meinung vieler Einwohner von Ross liegt ihr Städtchen über einer noch ergiebigen **Goldader**. Vorsorglich wurden neue Claims abgesteckt, man hat altes Werkzeug bereit gemacht und eine Mine arbeitet wieder. Besucher können in dem kleinen *Ross Goldfields Information and Heritage Centre* (4, Aylmner Street, Tel. 03/755 40 77) Werkzeug ausleihen und sich selbst auf die Suche begeben.

Praktische Hinweise

Information

Westland VIC, Tancred/Hamilton Street, Hokitika, Tel. 03/ 755 61 66, Fax 03/ 755 50 11, www.hokitika.com

Hotel

***Fitzherbert Court Motel**, 191 Fitzherbert Str, Hokitika, Tel. 03/755 53 42, Fax 03/755 53 43, www.fitzherbertcourt.co.nz. Zwölf komfortable Studios.

Restaurant

Tasman View Restaurant, 111 Revell Str (im Southland Hotel), Hokitika, Tel. 03/ 755 83 44. Einfache West Coast-Küche, in der Saison etwa Whitebaits (Sprotten).

42 Okarito

Im Frühjahr nisten seltene Silberreiher in den Bäumen der Okarito Lagoon.

Südwestlich von Whataroa zweigt die 10 km lange, beschilderte *Forks Okarito Road* vom SH 6 nach Okarito ab. In dem winzigen, den Stürmen der Tasman Sea ausgesetzten **Küstendorf** lebt die preisgekrönte neuseeländische Schriftstellerin Keri Hulme (* 1947).

Lohnend ist die *Wanderung* zum nahen 170 m hohen Hügel **Okarito Trig**, wo sich an regenlosen Tagen eine grandiose Aussicht auf die schimmernden Eisgipfel der Southern Alps, auf Mount Tasman und Mount Cook, das blaue Meer und die dunkelgrün eingefasste **Okarito Lagoon** an der Küste bietet. Die 32 km² große Lagune ist das ausgedehnteste naturbelassene Feuchtgebiet Neuseelands. Begleitete *Kajaktouren* führen von Okarito bei Flut durch das Flachwasser, an dessen Rändern prachtvolle Kahikatea- und Rimu-Bäume das undurchdringliche Dickicht des *Okarito Forest* und den Lebensraum für eine Unzahl von **Vögeln** bilden. Man sieht Schwärme von schwarzen Schwänen, Kormorane und Königslöffler. In der benachbarten **Waitangi Roto Nature Reserve** hat sich eine Silberreiherkolonie angesiedelt, die zwischen November und Februar nistet. Diese den Maori heiligen, majestätischen *White Herons* bieten besonders in der Luft einen prachtvollen Anblick.

Kotuku nennen Maori die schneeweißen Silberreiher von Okarito, die ihnen heilig sind

Spaßmacher und Possenreißer

Die Bergpapageien der Southern Alps, die **Keas**, scheinen sich ihrer Einmaligkeit bewusst zu sein. Die grünen Vögel mit der gelbroten Flügelunterseite sind kindlich verspielt, auf lustige Art frech, penetrant neugierig und erbarmungslos zerstörerisch. Längst nutzen die Spaßmacher der Vogelwelt die Chance, durch allerlei Kapriolen das Gelächter der Touristen und auch die begehrte Nahrung zu erlangen. Füttern regt jedoch nicht ihre Dankbarkeit sondern nur ihren **zerstörerischen Spieltrieb** an. Gummidichtungen an Autofenstern, Scheibenwischer, Antennen, Taschen, Schuhe, Zelte, alles, was weich genug für ihren scharfen Schnabel ist, erweckt ihr Interesse. Wer Keas füttert, trägt zum einen zu ihrer natürlichen Arterhaltung bei, zum anderen nimmt er ihnen durch den Zwang zur Nahrungssuche auch die Zeit für ihre destruktiven Spielchen.

ℹ Praktische Hinweise

Touranbieter

Okarito Nature Tours, Okarito, Tel./Fax 03/753 40 14, www.okarito.co.nz

White Heron Sanctuary Tours, Whataroa, Tel. 03/753 41 20, Fax 03/753 40 87, www.whitehoerontours.co.nz

43 Westland National Park

Gletscher, die im Regenwald enden.

Der gut 117 000 ha große Westland National Park besitzt UNESCO *World Heritage*

43 Westland National Park

Höhepunkt eines spektakulären Helikopterrundfluges durch die Gletscherwelt des Westland National Park ist die Landung auf dem Franz Josef Gletscher in gut 2000 m Höhe

Status. Kontrastreicher kann ein Nationalpark nicht sein: im Westen **Flachland** an der urtümlichen Küste der Tasman Sea zwischen *Okarito* und *Gillespies Beach*, im Osten die abrupt ansteigenden eisstarrenden Berge der **Main Divide**. Von den Höhen bewegen sich wahre Ströme von Eis 1–5 m pro Tag talwärts in den Regenwald, daneben gibt es froststarre Seen, grandiose Schluchten und tosend schäumende Wasserfälle. Kein Wunder, denn bis zu 10 000 mm Schnee und Regen gehen pro Jahr auf den Gipfeln nieder.

Den nördlichen Parkeingang markiert *Franz Josef Village* am SH 6, der in diesem Abschnitt *Glacier Highway* getauft wurde. An klaren Tagen starten in dem turbulenten Touristendorf Helikopter zu **Gletscherrundflügen**, sogar bis zu den Eisfeldern des 3764 m hohen *Mount Cook*, der einen eigenen, von Osten her erschlossenen Nationalpark bildet [Nr. 55]. Die beiden Schutzgebiete um die Gletscherberge gehören zu **Te Wahipounamu**, seit 1990 Weltnaturerbe der UNESCO.

Entlang der Nordwestflanke des Mount Cook erstreckt sich der 11 km lange **Franz Josef Glacier**, der 1865 von dem deutschen Geologen *Julius Haast* (1822–1887) nach dem österreichischen Kaiser benannt wurde. Von 2400 m herab fließt der 800 m breite Gletscher über steiles Gelände und stoppt etwa in 250 m Höhe mitten im Regenwald. Im Jahr 2007 legte die Eismasse des Franz Josef Glacier täglich bis zu 2 m an Höhe zu. Dadurch bildeten sich spektakuläre neue Spalten, die grandiose Anblicke bieten.

Die 6 km lange **Glacier Access Road** verläuft von Franz Josef Village durch das Tal des Waiho River zum *Glacier Carpark*. Von Straße und Parkplatz zweigen mehrere gut ausgeschilderte Wanderwege ab. Leicht zu bewältigen ist beispielsweise der **Glacier Valley Walk**, über den man in rund einer Stunde das untere Ende der Gletscherzunge erreicht. Als gewiss attraktivste Wanderung präsentiert sich der mehrstündige **Roberts Point Track**. Er beginnt etwa auf der Hälfte der Glacier Access Road und windet sich durch bizarres Felsgewirr zum aussichtsreichen *Roberts Point* hoch über dem Gletscher.

Fox Glacier Village, 25 km weiter im Süden ebenfalls am SH 6 gelegen, ähnelt Franz Josef Glacier Village. **Fox Glacier** selbst ist flacher aber auch 2 km länger als sein eisiger Bruder. Er wird durch die beiden Zugangsstraßen *Road to Glacier* und *Glacier View Road* rechts und links des Fox River erschlossen. Riesige Felsbrocken und moosbehangene Bäume begleiten den **Chalet Lookout Walk** vom Ende der südlichen Gletscherstraße zum Aussichtspunkt. Steil und anspruchsvoll führt der **Mount Fox Track** 4 Std. lang durch Buschland und über Alpenwiesen auf den 1340 m hohen **Mount Fox**, der

Zu Recht ist Lake Matheson bei Fox Glacier Village auch als ›Spiegelsee‹ bekannt

die Mühen mit einer fabelhaften Gletschersicht belohnt.

Früh aufstehen sollte man für den 6 km langen Spaziergang von Fox Village zum **Lake Matheson**. Im glasklaren, waldgerahmten See spiegeln sich im ersten Tageslicht Mount Tasman und Mount Cook besonders fotogen.

Praktische Hinweise

Information

Westland Tai Poutini National Park Visitor Centre, Main Road, Franz Josef Village, Tel. 03/752 07 96, Fax 03/752 07 97 – **VIC**, Fox Glacier Township (Fox Glacier), Tel. 03/751 08 07, Fax 03/751 08 58, www.glaciercountry.co.nz

Helikopter

Glacier Helicopters (Fox & Franz Josef Heli-Services), Main Road, Fox Glacier Township, Tel. 03/751 08 03; Main Road, Franz Josef Glacier Village, Tel. 03/752 07 55, www.glacierhelicopters.co.nz

Hotels

******Franz Josef Glacier Hotel**, Müller Wing, Main Road, Franz Josef Village, Tel. 03/752 07 29, Fax 03/752 07 09, www.scenic-circle.co.nz. Offene Kamine, Jagdtrophäen an den Wänden.

*****Glacier Country Hotel**, Main Road, Fox Glacier, Tel. 03/751 08 47, Fax 03/751 08 22, www.scenic-circle. co.nz. Gutes betriebsames Touristenhotel.

****Lake Matheson Hotel**, Cook Flat Road, Fox Glacier, Tel. 03/751 08 30, Fax 03/751 00 30. Sehr guter Ausgangspunkt für den morgendlichen Fototermin am See.

Glacier Retreat, SH 6, Lake Mapourika (5 km nördl. von Franz Josef Glacier), Tel. 03/752 00 12, Fax 03/752 00 21, www.glacier-retreat. co.nz. Zwölf luxuriöse Gästezimmer in stilvollem ruhigem Landhaus.

Haast

Fischerfreuden im Frühling, wenn die Whitebaits flussaufwärts ziehen.

The Haast ist ein Zusammenschluss winziger Weiler und Siedlungen in South Westland, wo an der Küste felsige Buchten an dichten, immergrünen Regenwald stoßen. Die Gegend ist für ihren **Tierreichtum** bekannt, im Sumpfland nahe den Dünen von *Ship Creek* etwa nisten in hohlen Kahikatea-Bäumen *South Islands Kakas*, große scheue Waldpapageien. Die fischreichen Flüsse wie Okuru oder Arawata River gelten dank Lachsen, Forellen und Whitebaits (Sprotten) das ganze Jahr über als Anglerparadiese.

Der Ort Haast umfasst nur wenige Häuser, doch ist sein supermodernes **South Westland World Heritage Visitor Centre** am SH 6 unbedingt besuchenswert. Schautafeln und Filme informieren über Ursprung und Werden des 2,6 Mio. ha großen Naturschutzgebietes **South Westland**, das *Westland*, *Mount Cook*, *Mount Aspiring* und *Fiordland National Park* zusammenfasst.

Erst seit 1965 verbindet der SH 6 die West Coast mit dem Inland. Die aussichtsreiche Straße folgt dem Haast River zum 563 m hohen **Haast Pass** an der küstennahen Grenze zur Otago-Region.

Praktische Hinweise

Information

VIC, Kreuzung SH 6/Jackson Bay Road, Haast, Tel. 03/750 08 09, Fax 03/750 08 32

Hotel

****Haast World Heritage Hotel**, SH 6, Haast, Tel. 03/750 08 28, Fax 03/750 08 27, www.world-heritage-hotel.com. Holzbau im modernen Landhausstil. Vielseitiges Ausflugsangebot. Lachs- und Wildspezialitäten im Restaurant.

Southland – gewaltige Seen und einsame Fjorde

Bei Sonnenschein ist Neuseelands Südwesten einzigartig schön. Im Landesinneren ragen hohe Gipfel auf, an der Küste schneiden tiefe Fjorde ein. Steil fallen die bis zu 2000 m hohen *Eyre Mountains* in Western Otago zu den in großartiger Kulisse gelegenen, fischreichen Bergseen **Lake Wanaka** und **Lake Wakatipu** ab. An ihren Ufern sind Städte wie **Wanaka** und **Queenstown** Ausgangspunkte für Exkursionen in die spektakuläre Gebirgswelt des **Mount Aspiring National Park** in Central Otango.

Der überschaubare Ort *Te Anau* schließlich ist das Tor zu den menschenleeren Weiten des **Fiordland National Park** an der Südwestküste mit seinen langen, tiefen Meeresarmen und Hunderten von Buchten. Den stillen Schlusspunkt im Southland setzt **Stewart Island**, so zu sagen die kleine Schwester der neuseeländischen Doppelinsel jenseits der *Foveaux Strait*.

45 Wanaka

45 km langer See mit unverbauten Ufern.

Nach einem Bogen entlang des benachbarten *Lake Hawea* erreicht der SH 6 vom 80 km entfernten Haast Pass kommend Wanaka an der Südspitze des 193 km² großen **Lake Wanaka**. Völlig einsam und unbebaut ist dessen lang gestrecktes, von steilen Berghängen gesäumtes Ostufer. *Wassersportler* und *Angler* haben ihre Freude an dem stillen Gewässer. Aber auch *Skifahrer* kommen in der Region auf ihre Kosten, denn im Winter finden sie am **Treble Cone** (2088 m) im Westen und in der **Cardrona Ski Area** um den 1934 m hohen Mount Cardrona im Süden ideale Bedingungen. Sog. *HeliSkier* lassen sich von Helikoptern zum Tiefschneefahren in den Harris Mountains absetzen.

Vor allem im Mai bietet Wanaka einen malerischen Anblick, wenn die zahlreichen Laubbäume satte Herbstfarben annehmen und angenehm zu den weißen kubischen Häusern und dem dunkelblauen Wasser des Sees kontrastieren. An der östlichen *Waterfront* liegt **Puzzling World** (tgl. 8.30–17.30 Uhr, www.puzzling world.co.nz) mit Vexier- und Denkspielen sowie dem Irrgarten *Great Maze*, in dem man für Stunden die Orientierung verlieren kann. Wer gar nicht mehr weiter weiß, findet durch vier Notausgänge ins Freie.

Wanaka bildet den Zugang zum 1964 eröffneten, 355 520 ha großen **Mount Aspiring National Park** am Ufer der Tasman Sea zwischen Haast Pass und Humboldt Mountains. Eine 59 km lange schotterbedeckte Zufahrtstraße führt von dem kleinen Ort Glendhu Bay westlich von Wanaka durch das wunderschöne Tal des *Matukituki River*. Die Route bringt Bergsteiger näher an den 1909 erstmals bezwungenen, 3027 m hohen *Mount Aspiring* heran. Der Gipfel des oft als **neuseeländisches Matterhorn** apostrophierten Berges bleibt allerdings den besten Bergsteigern vorbehalten.

Irgendetwas stimmt hier nicht – schon die Gebäude von Puzzling World wirken schräg

Sondermodelle von Mutter Natur

Dank der abgeschiedenen Lage entwickelten sich auf Neuseeland eine in weiten Teilen einzigartige Fauna. Die bis zu 50 cm lange Brückenechse **Tuatara** beispielsweise erinnert mit ihrem gepanzerten Körper und dem Stachelkamm auf dem Rücken an Dinosaurier, ihre längst ausgestorbenen großen Verwandten.

Besonders deutlich wird Neuseelands Ausnahmestellung im Tierreich bei den oft kurios wirkenden einheimischen Vögeln. Leider sind der weißbäuchige **Taiko**, der bereits ausgestorben geglaubte grünblaue **Takahe** oder **Kakapo**, der Eulenpapagei, mittlerweile selten geworden. Selbst den charakteristischen Ruf des **Kiwi**, Neuseelands Wappentier, hört man in freier Wildbahn immer seltener. Einen ungewöhnlichen Anblick bietet der bis auf seine weißen Kehlfedern gänzlich schwarze **Tui**, der sog. Priestervogel, dessen trillernder, glockenähnlicher Gesang oft mit dem des **Makomako** verwechselt wird, ebenfalls ein einheimischer Nektarvogel.

Stolz ist man in Neuseeland auch auf die Vielzahl der hier nistenden Pinguinarten. Den **Gelbaugenpinguin** etwa findet man nur im Süden von South Island, vor dessen Küste neben weiteren Wal- und Delphinarten auch den kleinen **Hector Dolphin**. Er steht wie **Fur Seal** (Seebär) und andere Meeres- bzw. Küstenbewohner unter Schutz.

Für den pfleglichen Umgang mit der Natur sorgt ein dichtes Netz von Büros des **Department of Conservation** (DOC). Die dortigen Mitarbeiter geben fachkundig Auskunft über Möglichkeiten zur Tierbeobachtung und über eventuelle Auflagen.

Praktische Hinweise

Information
VIC, Ardmore Street/SH 6, Wanaka, Tel. 03/443 12 33, Fax 03/443 12 90, www.lakewanaka.co.nz

Hotel
******Edgewater Resort**, Sargood Drive, Wanaka, Tel. 03/443 83 11, Fax 03/443 83 23, www.edgewater.co.nz. Nicht weniger als 100 Zimmer in mehreren geschmackvollen Cottages am Seeufer.

Restaurant
Ambrosia, Golf Course Road, Wanaka, Tel. 03/443 12 55. Neuseeländische Küche in bester Aussichtslage.

46 Queenstown

Freizeit extrem, Abenteuer, Nervenkitzel – hier wird das leise Land ziemlich laut.

Stolze 75 km lang ist der vielfach gewundene, von hohen Bergketten gerahmte **Lake Wakatipu**. Etwa in seiner Mitte schmiegt sich Queenstown an eine weite Bucht des Ostufers. Die Ortsgründung geht auf die Farmer William Gilbert Rees und Nicholas von Tunzelman zurück, die 1860 die ersten großen Herden von feirwolligen **Merinoschafen** an den prachtvoll gelegenen See brachten. 1862 wurde im nahen *Shotover River* Gold gefunden. Für ein paar Jahre galt das Wildwasser in der imposanten Talschlucht als ergiebigster **Goldfluss** der Welt. Tausende Menschen aus aller Herren Länder strömten nach Central Otago, in die Städtchen Arrowtown, Cardrona, Macetown und Skippers Canyon. Auch die Idylle der vormaligen Schaffarm *The Camp* verwandelte sich zur turbulenten Versorgungsstation für die Goldfelder nebenan. Nach dem Abflauen des Booms blieb der Ort still, ehe er in den letzten Dezennien sein **touristisches Potenzial** voll entwickelte.

Im Süden durch die parkähnlich bepflanzte Landzunge der **Queenstown Gardens** ❶ vor Wind und Wasser geschützt, umfasst das Zentrum nur wenige Straßenzüge, doch hier pulsiert das Leben rund um die Uhr. Selbst verliehene Titel wie *Abenteuerspielplatz der Nation* oder *Bungee-Metropole der Welt* verpflichten, und so werden in dem knapp 11 000 Einwohner zählenden Städtchen extravagante **Outdoor-Aktivitäten** an-

46 Queenstown

Gemächlich zieht der Dampfer TSS Earnslaw auf dem Lake Wakatipu seine Bahn

geboten. Dabei ist die Palette breit gefächert. Sie reicht von beschaulichen *Seekreuzfahrten* mit der rund 100-jährigen *TSS Earnslaw* bis zum atemberaubenden *White Water Sledging* auf dem aus den Bergen herabstürzenden Karawau River, von *Sightseeing Touren* mit einem alten Londoner Doppeldeckerbus bis zum prickelnden *Rafting* durch die kantige Felsschlucht des Shotover River, von sanften *Angeltouren* bis zu *Bungeespringen* in Schluchten. Insgesamt werden mehr als 120 mögliche Aktivitäten beworben.

Auch der 292 km² große Lake Wakatipu **pulsiert** und das macht ihn einzigartig: In Abständen von wenigen Minuten hebt und senkt sich sein Wasserspiegel um bis zu zwei Handbreit. Viele Geschichten der Maori ranken sich um den Riesen Tipua und ›sein schnell schlagendes Wasserherz‹. Die Wissenschaft erklärt das überhastete Spiel von Ebbe und Flut im Binnenland nüchtern mit erheblichen Luftdruckschwankungen.

Im Stadtzentrum laden die auf das Seeufer zulaufende Fussgängerzone **The Mall** ❷ und in ihrer Verlängerung entlang der Queenstown Bay die **Beach Street** ❸ mit Läden, Tavernen und Straßencafés zum Bummeln ein. Nördlich leitet die *Brecon Street* an der kleinen volierenbestückten Grünanlage **Kiwi & Birdlife Park** ❹ (tgl. 9–17 Uhr) vorüber zur Talstation der **Skyline Gondola** ❺ (tgl. 9–21.30 Uhr, www.skyline.co.nz). Die Kabinenseilbahn fährt auf einer der steilsten Strecken der Welt zum 762 m hohen **Bob's Peak** ❻. Grandios ist oben die Aussicht auf Stadt, Lake Wakatipu und die Gipfel der gegenüberliegenden Bergkette *The Remarkables* mit dem 2343 m hohen *Double Cone*. Das **Skyline Showscan Theatre** (stdl. 10–21 Uhr, www.kiwimagic.co.nz) in der Bergstation zeigt *Kiwi Magic*, spektakuläre Bilder von den schönsten Landschaften der Nord- und Südinsel.

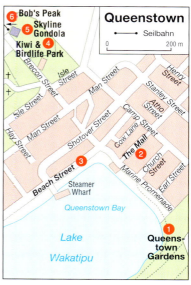

Queenstown

Doppelte Freude – Tandem-Paraglider landen auf einem Feld nahe Queenstown

Ausflüge

Ein ebenso schöner Aussichtspunkt ist der mit dem Sessellift erreichbare **Coronet Peak** (1646 m), zwischen Juli und September ein hervorragendes Skigebiet. Die Zufahrt zweigt kurz vor der restaurierten Goldgräbersiedlung **Arrowtown**, rund 15 km östlich von Queenstown, ab.

Schmal ist die Fahrstraße am Nordufer des Lake Wakatipu von Queenstown zum

Freien Fall üben unerschrockene Springer von der Kawarau Bridge bei Queenstown

47 km entferntem **Glenorchy**, dem Ausgangspunkt für Jetboat-Fahrten auf dem Dart River. Über eine Zufahrt zum Muddy Creek erreicht man den Startplatz für den **Rees Dart Track**. Die Gebirgswanderung führt in 4–6 Tagen rund um den 2816 m hohen Mount Earnslaw.

Zu den *Great Walks*, die monatelang im Voraus gebucht werden müssen – in diesem Fall beim DOC Queenstown – zählt der **Routeburn Track**. Der 39 km lange Wanderweg führt von *Routeburn Shelter* bei Glenorchy über den 1277 m hohen *Harris Saddle* und verbindet so Mount Aspiring und Fiordland National Park. Die grandiose Route über Hängebrücken, durch moosbewachsene Wälder, gewaltige Bergrutsche, subalpine Blumenwiesen, an Bergseen, Wasserfällen und tiefrot blühenden Rata-Bäumen vorüber endet an der *Divide*, dem Pass an der Milford Road.

In 1–2 Tagen lässt sich der **Greenstone Caples Track** bewältigen, ein schöner Rundweg, der von *Greenstone Wharf* am südlichen Wakatipu-Seeufer aus durch Farm- und Waldland dem Greenstone und Caples River folgt.

ℹ Praktische Hinweise

Information

VIC, Shotover Street, Clocktower Centre, Queenstown, Tel. 03/442 41 00, Fax 03/442 89 07, www.queenstown-nz.co.nz – **DOC**, 37 Shotover Str, Queenstown, Tel. 03/442 97 08, Fax 03/442 70 38. – **VIC**, Main Road, Glenorchy, Tel. 03/442 99 37

Flughafen

Domestic Airport Queenstown (ZQN), Wakatipu Basin, Tel. 03/444 76 50, www.queenstownairport.co.nz. Tgl. Flüge zu allen größeren Städten Neuseelands.

Sport

Dart River Safaris, 27 Shotover Street, Queenstown, Tel. 03/442 99 92, www.dartriversafaris.co.nz. *Dart River-Jetboating* und *Funyaking* mit Gummi-Kajaks.

Kawaru Bridge Bungy (AJ Hackett), Kawaru River, Queenstown, Tel. 03/442 11 77, www.bungy.co.nz. *Bungee-springen* von 43 m über dem Fluss.

Moonlight Stables, Rapid 69, Morven Ferry Rd, Queenstown, Tel. 03/442 12 29, www.moonlightcountry.co.nz. Geführte *Reittouren* durch Deer Farm und Berge.

Shotover Jet, Gorge Road, Arthurs Point, Queenstown, Tel. 03/442 85 70, www.shotoverjet.com. *Jetboat* fahren in den unteren Shotover Canyons.

Skippers Canyon, Queenstown, Tel. 03/442 94 34. *Jetboat- oder 4WD-Jeep-Fahrten* durch die spektakuläre Schlucht.

Hotels

*******Novotel Gardens**, Ecke Earl Street/Marine Parade, Queenstown, Tel. 03/442 77 50, Fax 03/442 58 03, www.novotel.com. 2007 neu gestaltetes 200-Betten-Hotel mit Rosengarten am Seeufer.

******Crowne Plaza**, Beach Str, Queenstown, Tel. 03/441 00 95, Fax 03/442 88 95, www.ichotels.com. Die Gästezimmer bieten prächtige Ausblicke auf den See.

*****The Stone House**, 47 Hallenstein Street, Queenstown, Tel. 03/442 98 12, Fax 03/441 82 93. Gemütlich ausgestattetes, gediegenes Haus aus dem Jahr 1874.

Restaurants

Boardwalk, Steamer Wharf Village, Queenstown, Tel. 03/442 56 30. Empfehlenswert: Tisch auf der Terrasse vorbestellen und die Sicht auf den See und die *Remarkables* genießen.

HMS Britannia, The Mall, Queenstown, Tel. 03/442 96 00. Fischgerichte im Ambiente eines historischen Segelschiffs in der quirligen Fußgängerzone.

Gibbston Valley, Road 1, Gibbston (20 Min. von Queenstown in der Kawarau Gorge), Tel. 03/442 69 10. Im südlichsten Weingut der Welt speist man nach einer Wine Tour durch die Kellergewölbe in einem reizenden Blumengarten.

47 Fiordland National Park

Unberührte Wasserwelt, umgeben von urtümlichem Regenwald und Bergriesen.

Das Städtchen Te Anau erreicht man über den vom SH 6 westwärts abzweigenden Highway 94. Es liegt am Südende des 60 km langen **Lake Te Anau**, der mit drei Seitenarmen weit in das Waldland nach Westen ausgreift. Nur der See trennt den viel besuchten *Touristenort* vom Fiordland National Park, der wohl gewaltigsten Landschaft Neuseelands.

Vom Steg in Te Anau Downs legen die großen Ausflugsschiffe ins Fiordland ab

Eiszeitliche **Gletscher** prägten vor etwa 2 Mio. Jahren die menschenleere Region im Südwesten der Südinsel. Sie kerbten tiefe Täler in die gewaltigen Bergstöcke aus Gneis und Granit, und als die Eismassen schmolzen, drang die Tasman Sea weit in das Land ein. 14 große **Fjorde**, darunter so berühmte wie *Milford*, *Doubtful* und *Dusky Sound*, sowie zahllose kleinere Meeresarme und Buchten formen ein riesiges zerklüftetes wasserdurchsetztes Bergland, das von den bis zu 2700 m hohen **Darran Mountains** im Norden begrenzt wird. Landeinwärts fassen eiszeitliche **Seen** wie Lake Te Anau, Lake Manapouri und Lake Monowai den Park im Osten ein.

Fiordland zählt seit 1990 zum *Weltnaturerbe der Menschheit* und ist mit rund 1,2 Mio. ha der größte Nationalpark Neuseelands. Dieser präsentiert sich als eine weithin unzugängliche Wildnis aus schneebedeckten Bergen, glasklaren Bergseen und jahrhundertealten Regenwäldern, die hauptsächlich aus von Moosen überzogenen Südbuchen bestehen, ihr Grün optisch nur durchbrochen von

Fiordland National Park

Bei Regen ist das Begehen des Milford Track sicher kein Zuckerschlecken; eine ausgezeichnete Ausrüstung sollte deshalb selbstverständlich sein, Humor hilft überdies

den roten Blüten der Southern Rata und vom tiefblauen Wasser der Fjorde.

Te Anau, nach eigenem Bekunden *Walking Capital of the World* ist Ausgangspunkt der berühmtesten Tracks durch den Nationalpark. Außerdem beginnt hier die **Milford Road** [s. S. 107], die einzige für Privatfahrzeuge zugelassene Straße durch den Park.

Täglich dürfen zwischen November und April nicht mehr als 40 Einzelwanderer von Te Anau Downs am Nordende des Sees zum weltberühmten **Milford Track** aufbrechen. Monate im Voraus muss man sich für das Unternehmen beim Fiordland National Park Visitor Centre anmelden. Beste – d. h. regenärmste – Zeit für die mindestens fünf Tage dauernde Wanderung ist Dezember bis Februar.

Die gut markierte, 54 km lange Route führt durch das Hochtal des westlichen Clinton River zum 1073 m hohen *Mackinnon Pass*, zur *Quinton Hut*, wo man einen Abstecher zu den 580 m tief stürzenden *Sutherland Falls* machen kann, und zum *Milford Sound*. Unterwegs erwarten die Wanderer Wildnis, Regenwald mit Moosen und Bartflechten an den Baumstämmen, alpine Flora, hoch aufragende Berge sowie beeindruckende Wasserfälle, allerdings auch Sandflies und viel Regen.

Am Südende des Lake Te Anau beginnt der **Kepler Track**, eine zu den *Great Walks* zählende Rundwanderung zwischen Jackson Peaks und Kepler Mountains. Neben herrlichen Ausblicken gibt es auf dieser Strecke u. a. märchenhafte Baumfarne zu sehen.

Bis zur wilden Küste der Tasman Sea dringt der von der Milford Road ausgehende, 80 km lange **Hollyford Track** vor. Von den steilen Felswänden der Darran Mountains führt er durch Buschland im Tal des Hollyford River zum Lake McKerrow und an der Nordküste des romantischen Sees entlang zu den Sanddünen von Martin's Bay.

Praktische Hinweise

Information

Fiordland Travel Visitor Centre, Te Anau Lakefront Drive, Tel. 03/249 89 00, Fax 03/249 70 22, www.doc.govt.nz. Anmeldung für Nationalpark-Wanderungen.

Hotels

******Fjordland Lodge**, 472 Te Anau Milford Highway, Tel. 03/249 78 32, Fax 03/249 74 49, www.fiordlandlodge.co.nz. Viel einheimisches Holz und Glas zeichnen die gelungene Lodge aus.

*****Kingsgate Hotel**, 20 Lakefront Drive, Te Anau, Tel. 03/249 74 21, Fax 03/249 80 37, www.kingsgatehotels.co.nz. Angenehmes Haus am Seeufer. Bester *Crayfish* im Restaurant Bluestone.

Restaurant

La Toscana, 108 Town Centre, Te Anau, Tel. 03/249 77 56, www.latoscana.co.nz. Spaghetteria mit feinen Nudelgerichten, die wie in der Toskana schmecken.

48 Milford Sound

Der Mitre Peak überragt den zauberhaften Fjord – ein überwältigendes Fotomotiv.

Bei schönem Wetter ist die Szenerie nicht zu überbieten: üppige Blumenwiesen, die das tiefblaue Fjordwasser im Osten säumen, palmenähnliche Cabbage-Trees mit dicken Blätterbüscheln, die steil ansteigenden Höhenzüge der *Pembroke Wilderness Area* darüber und die formschöne Pyramide des **Mitre Peak**, 1692 m hoch aus den Fluten aufragend, prachtvoll wie auf Neuseelands Werbeplakaten.

Ein Robbenjäger taufte 1823 den 16 km langen, in der Eiszeit 265 m tief eingegrabenen Fjord nach seinem Geburtsort *Milford Haven* in Wales. Hier regnet es durchschnittlich 200 Tage im Jahr, das gesamte Fiordland zählt zu den feuchtesten Gebieten der Erde. Greenstone sammelnde Maori, Walfänger, Robbenjäger, Hummerfischer und Abenteurer waren die einzigen, die diesen weltfernen Landstrich kurz bewohnt oder durchzogen haben. Als Fiordland-Pionier gilt der Schotte **Donald Sutherland**. Nach einem beschwerlichen Soldatenleben baute er sich 1878 eine *Einsiedlerhütte* am Milford Sound. Als sein Landsmann Quintin Mackinnon Jahre später einen Landweg zum Sound ausfindig machte, eröffnete Sutherland eine spartanische Herberge für frühe Touristen, Mackinnon wurde der erste Führer auf dem Milford Track.

Seit 1954 ist der berühmte Sound auch über die 119 km lange, asphaltierte **Milford Road** (www.milfordroad.co.nz) ab Te Anau erreichbar. Bei Te Anau Downs biegt sie in das ansteigende, bergegesäumte Tal des Eglington River ein, passiert kleine klare Seen, den Divide Pass, schöne Wiesen mit alpiner Flora, den steil abfallenden Homer Tunnel und üppigen Regenwald, bevor sie schließlich die Ostspitze von Milford Sound mit der kleinen gleichnamigen Hotelsiedlung erreicht.

Seit den Tagen Donald Sutherlands hat Milford Sound seine touristischen Chancen entwickelt: Heute belagern Busse die Parkplätze, Helikopter und Kleinflugzeuge kreisen, im Wasser kreuzen Schnellboote. Die atemberaubende Landschaft hat dadurch zwar nicht ihre Schönheit, jedoch ihre Ruhe eingebüßt.

Ein lohnender Abstecher führt zu den nahen **Bowen Falls**, die 160 m über bemooste Felsen hinabstürzen. Eine ganze Flotte von Ausflugsbooten steuert an

Ausflügler genießen bei einem Picknick am Ufer des Milford Sound das Panorama

Milford Sound

den Wasserfällen vorbei die Tasman Sea an. Dort ist bei **Harrison Cove** der Besuch eines *Unterwasserobservatoriums* möglich, das durch die Schichtung von Süß- und Salzwasser schon in wenigen Metern Tiefe eine unglaubliche Artenvielfalt der Wasserfauna zeigt.

Praktische Hinweise

Information
siehe S. 106

Schiff
Red Boat Cruises, SH 94, Milford Wharf, Milford Sound, Tel. 03/441 11 37, www.redboats.co.nz. Kreuzfahrten auf dem Fjord mit Besuch des Unterwasserobservatoriums; An-/Ablegestelle neben Milford Wharf Visitor Centre, Freshwater Basin.

Unterkunft
***Milford Sound Lodge**, Milford Sound, Tel. 03/249 80 71, Fax 03/249 80 75, www.milfordlodge.com. Backpackerlounge und Café in Prachtlage am Fjordende.

49 Manapouri

Makelloser See dank Unterwasserkraftwerk.

So winzig und bescheiden das Dörfchen Manapouri sich gibt, so prachtvoll ist seine Lage am 142 km² großen und bis zu 443 m tiefen, von den *Cathedral Mountains* gerahmten **Lake Manapouri** mit seinen 35 buschbewachsenen Inseln.

Dank energischer Proteste von Umweltschützern wurde in den 1970er-Jahren das **Manapouri Power Plant**, das Wasserkraftwerk im Westarm des Sees, nicht sichtbar am Ufer, sondern in einer Kaverne 213 m tief unter dem See errichtet. Besichtigungen der technisch grandiosen Anlage sind im Rahmen angemeldeter Touren möglich, wobei die Ausflugsbusse durch einen 2 km langen spiralenförmigen Tunnel bis zur unterirdischen Turbinenhalle fahren.

Schöner Nebeneffekt des Kraftwerks: In nur neun Monaten wurde die pro Meter teuerste **Straße** Neuseelands vom Westarm des Lake Manapouri zu einem Versorgungskai am **Doubtful Sound** gebaut. Der Name des steil von Bergen eingefassten Fjords geht auf Captain Cook zurück, der 1770 das schmale Wasserband für einen unsicheren Hafen hielt, eben *doubtful*. Die Straße nutzen heute auch Touristen, wenngleich der Fjord nur im Rahmen organisierter Touren zu besichtigen ist: Per Schnellboot gelangen die Ausflügler von Manapouri zum Westarm des Sees, in Minibussen geht es über den 670 m hohen Wilmot Pass weiter zur Deep Cove am Doubtful Sound, wo sich eine Katamaranfahrt anschließt.

Die schönste Möglichkeit, das mehrarmige Wasseridyll des Doubtful Sound zu entdecken, ist eine geführte **Kajaktour**. Zwischen steilen Felswänden und

Im Kajak kann man die Schönheiten des Doubtful Sound aus nächster Nähe erleben

50 Invercargill

Anderson House gab dem umliegenden, weitläufigen Park im Zentrum von Invercargill den Namen. Das gediegene Herrenhaus beherbergt eine Kunstsammlung

unter Wasserfällen tummeln sich Delphine und Pelzrobben, im Frühsommer nisten Pinguine am Ufer und im Seichtwasser wachsen schwarze Korallen. Alternativ kann man den nach Fahrplan verkehrenden *Katamaran* nutzen, der allerdings nur bis zum Fjordeingang an der Küste der Tasman Sea fährt.

ℹ️ Praktische Hinweise

Information

Fiordland Travel Information Centre, Manapouri, Tel. 03/249 66 02, Fax 03/249 66 03, www.fiordlandtravel.co.nz

Schiff

Fiordland Explorer, Manapouri, Tel./Fax 03/249 66 16, www.doubtfulsoundcruise.com. Lake Manapouri-Touren und Katamaranfahrten auf dem Doubtful Sound.

Fiordland Wilderness Experiences, 66 Quintin Drive, Te Anau, Tel. 03/249 77 00, www.fiordlandseakayak.co.nz. Kajakvermietung, auch Ein- und Mehr-Tages-Kajaktouren zu Milford Sound, Doubtful Sound und an den Lake Manapouri.

Hotel

***Murrell's Grand View House**, 7 Murell Ave, Manapouri, Tel./Fax 03/249 66 42, www.murrells.co.nz. B & B in kleinem historischem, komfortabel renoviertem, kleinem Landhaus von 1889 mit viktorianisch eingerichtetem Esszimmer.

50 Invercargill

In der südlichsten Stadt Neuseelands leben geradezu urzeitliche Echsen.

Invercargill liegt in der weiten Ebene beidseits des *New River Estuary*, nahe seiner Mündung in die bewegten Wasser der Foveaux Strait. Der Ort geht auf einen Entwurf des Landvermessers John T. Thomson zurück, der 1856 mit bewundernswerter Fantasie das regelmäßig-geometrische Straßenraster für eine zu gründende Siedlung zeichnete. Schotten waren die ersten Siedler, nach schottischen Flüssen heißen heute noch Straßen im Zentrum, doch ansonsten hat Invercargill seine Anfänge als urwaldgerahmter Ankerplatz hinter sich gelassen. Nur ein winziges Stück *Native Bush* im **Anderson Park** und schöne Gärten begrünen heute die 48 000 Einwohner zählende Stadt. Einige Gebäude des späten 19. und frühen 20. Jh. blieben im Geviert zwischen Gala, Dee, Forth und Deveron Street erhalten.

Invercargill ist die südlichste Stadt der Welt, ein **Fleisch- und Wollexportzentrum**, das oft provinziellen Charme ausstrahlt. Das genaue Gegenteil signalisiert jedoch der futuristische Pyramidenbau des **Southland Museum & Art Gallery** (Mo–Fr 9–17, Sa/So 10–17 Uhr) am Rande des 80 ha großen Queens Park. Die Kunstgalerie unter der Glaskuppel zeigt zeitgenössische neuseeländische Kunst, das Museum informiert über die Geschichte des Südlandes sowie über Flora und Fauna von Neuseelands subantarktischen Inseln. Ein Gruß aus der Urzeit sind lebende Tuataras im angeschlossenen **Tuatara**

Invercargill

Auf dem Weg nach Slope Point beugen sich selbst die Bäume der Macht des sich hier stets über die Hochebene wehenden Windes

House. Leider sind die *Brückenechsen* in freier Wildbahn fast ausgestorben, wie ihre großen Verwandten, die Dinosaurier.

Das nahe **Anderson House** (tgl. 13.30–17 Uhr), ein schmucker einstiger Herrensitz im Anderson Park, beherbergt eine weitere, gleichnamige Galerie mit neuseeländischer Kunst, darunter eindrucksvolle Maoriporträts.

Ausflüge

Am südlichsten Punkt von South Island liegt der 1824 gegründete Ort **Bluff**, bekannt wegen seines riesigen Aluminiumwerkes und beliebt wegen der *Austern*, die in der nahen Foveaux Strait geerntet werden. An der Felsküste zwischen Bluffs Ocean Beach Road und **Stirling Point** nagt der Ozean an der Südinsel, und das Meer ist übersät mit kleinen Felsen und großen Steinen.

Highway 92 trennt sich bei Invercargill vom SH 1 und führt als *Southern Scenic Route* windungsreich längs der **Catlins Coast** (www.catlins.org.nz) nach Osten. In dem menschenarmen Landstrich wechseln windgebeugte Wäldchen mit kargem Weideland, Regenwald und Sümpfen, felsige Küsten mit traumhaften Sandbuchten. Mitten im Wald fließen etwa die **Purakanui Falls** über Felsstufen, in der **Curio Bay** tauchen bei Ebbe fossile versteinerte Bäume aus dem Meer auf und **Tautuku Bay** besitzt einen wunderschönen, einsamen Strand. Auf Wanderungen erschließt man sich etwa **Nugget Point** mit Elefantenrobben, Pinguinen, australischen Tölpeln und einem der südlichsten Leuchttürme der Welt. Ein kurzer Weg über eine Schafweide führt nach **Slope Point**, den südlichsten Punkt der neuseeländischen Südinsel. Er ist auf einer kargen, windumtosten Steilküste mit einem leuchtend gelben Hinweisschild markiert, das nordwärts zum Äquator (5140 km), entgegengesetzt zum Südpol (4803 km) zeigt. Bei Balclutha mündet der 300 km lange, aus den *Southern Alps* kommende **Clutha River**. Einst war er reich an alluvialem Gold, heute ist er eher für seine zahlreichen Forellen und Lachse bekannt.

Praktische Hinweise

Information

VIC, 108 Gala Street (im Southland Museum), Queens Park, Invercargill, Tel. 03/214 62 43, Fax 03/218 44 15, www.visitinvercargillnz.co – **Venture Southland Tourism**, 143 Spey Street, Invercargill, Tel. 03/211 14 00, www.visitsouthlandnz.com

Schiff

Foveaux Express, Foreshore Road, Bluff, Tel. 03/212 76 60, Fax 03/212 83 77, www.stewartislandexperience.co.nz. Fährverbindung Bluff – Stewart Island in 60 Min.

Hotel

*****Ascot Park Hotel**, Ecke Tay Street/Racecourse Road, Invercargill,

Tel. 03/217 61 95, Fax 03/217 70 02. Zentrumsnahes Stadthotel mit der empfehlenswerten *Birchwoods Brasserie*.

Restaurant
HMS King's Restaurant, 80 Tay Street, Invercargill, Tel. 03/218 34 43. Bullaugen, Plankenboden, Segeltuch – Austern, Crayfish oder Whitebait werden stilgerecht aufgetischt.

51 Stewart Island

Gebirgige Wanderinsel am ›Ende der Welt‹.

Meist geht die 32 km breite, oft stürmische Foveaux Strait nicht eben sanft mit den Passagieren um, die an Bord des Katamarans *Foveaux Express* in etwa 1 Std. von Bluff zur **Halfmoon Bay** von Stewart Island übersetzen. An 275 Tagen Regen, dazu steife Westwinde und hohe Wellen machen manche Überfahrt zum Alptraum und lassen für die Rückreise das Flugzeug attraktiver erscheinen.

Stewart Island ist rund 1700 km² groß, maßvoll gebirgig, mit einer stark zerklüfteten Küstenlinie und von einer Vielzahl kleinerer Eilande umgeben. Im Jahr 2002 wurden 85 % des Archipels zum **Rakiura National Park** erklärt.

Der Hauptort **Oban** an der Halfmoon Bay ist winzig und doch die einzige Siedlung auf der Insel. Rund 400 Einwohner leben in seiner geschützten Bucht von Fischfang, Lachsfarmen und Tourismus. Die ansonsten fast unbewohnte Insel mit 20 km Straße und 200 km *Wanderwegen* ist rau, regnerisch, dicht mit Busch und Regenwald bewachsen – und entbehrt doch nicht eines gewissen urtümlichen Charmes. Tagestouren führen von der Halfmoon Bay zu menschenleeren Buchten im Nordwestteil der Insel, auf den 980 m hohen **Mount Anglem**, in weltabgeschiedene Täler voll hoher alter Kamahi-, Rimu- und Miro-Bäume.

Bootstouren ab Oban steuern zum Beispiel die **Mason Bay** im Westen mit der größten Kiwipopulation der Insel an, die nahen Sealkolonien von **Paterson Inlet** oder das benachbarte Vogelparadies **Ulva** mit dem *Ulva Island Bird Sanctuary* (www.ulva.co.nz)

Praktische Hinweise
Information
VIC, Main Rd, Oban, Tel. 03/219 12 18, Fax 03/219 15 55, www.stewartisland.co.nz

Schiff
Foveaux Express, Wharf, Oban, Tel. 03/219 12 76 60 [s. S. 110]

Hotel
*****Stewart Island Lodge**, 14 Nichol Rd, Oban, Tel. 03/219 10 85, www.stewartislandlodge.co.nz. Luxuriös und ruhig. Schöne Lage, Blick auf Halfmoon Bay.

Restaurant
South Sea Hotel-Restaurant, Oban, Tel. 03/210 10 59. Bietet direkt am Strand Seafood-Delikatessen im Ambiente eines Country Pub.

Wanderer auf Stewart Island sollten sicherheitshalber für Regenwetter gerüstet sein. Ein Schuhgeschäft in Oban bietet Gummistiefel in beinahe allen Größen und Farben

Pazifikküste der Südinsel – Wale, Wildnis, Weinland

So lebendig die Kultur in den großen Städten **Christchurch** und **Dunedin** auch ist, der 800 km lange pazifische Küstenstreifen gewährt vor allem Naturerlebnisse der besonderen Art. Bei **Kaikoura** tummeln sich vor felsigen Buchten Delphine, und Wale ziehen vorbei. Vom äußersten Kap der **Otago Peninsula** starten majestätische Königsalbatrosse in den weiten hohen Himmel und im Dämmerlicht watscheln winzige *Blue Penguins* über den Strand von **Oamaru**. Nur wenige Fahrstunden von der spektakulären Küste entfernt, ragen im Landesinneren – jenseits der weiten Horizonte der *Canterbury Plains,* der Tussockgrassteppen im *Mackenzie Country* und der großen Bergseen *Lake Tekapo* und *Lake Pukaki* – die eisstarrenden Gipfel des **Mount Cook National Park** in die Wolken.

52 Dunedin

Schotten, Gold und eine Bahnhofsarchitektur wie ein Pfefferkuchen.

Dunedin, nach dem Willen aller schottischstämmigen Neuseeländer das *Edinburgh of the South*, ist eine elegante **Küstenstadt** mit viel Flair. 20 km tief dringt die fjordartige Hafenbucht im Norden der *Otago Peninsula* in das grüne Hügelland ein und wird an ihrem Scheitelpunkt von der 115 000 Einwohner zählenden Metropole der historischen Goldregion Otago umschlossen.

Geschichte Vor rund 1000 Jahren entdeckten Moa-Jäger das gebuckelte Land hinter dem schmalen Meereingang. Maori bauten im 13. Jh. auf der Otago-Halbinsel kleine Siedlungen und verarbeiteten **Greenstone**. Blutige Fehden mit feindlichen Stämmen und im 18. Jh. mit weißen Walfängern dezimierten die Pas und ihre Bevölkerung. 1844 trafen **schottische Presbyterianer** als erste weiße Siedler ein und kauften den Maori 162 000 ha Land für rund 2400 £ ab.

Die **Goldfunde** von 1860/61 in *Central Otago* brachten den Aufschwung für die bis dahin kleine Siedlung Dunedin: 1869

Gediegenen Wohlstand repräsentieren die Bürgerhäuser des 19. Jh. in der Stuart Street

wurde hier die *University of Otago* als erste neuseeländische Hochschule eröffnet, 1871 installierte man die erste große industrielle Wollspinnerei, 1882 lief das Frachtschiff *Dunedin* mit dem ersten Gefrierfleischexport Richtung England aus. Die Stadt wuchs rasch, wurde als **Finanzzentrum** des Landes reich und selbstbewusst. Bereits 1863 installierte man hier im Süden Neuseelands die erste Straßenbeleuchtung, ab 1879 befuhren *Cable Cars* die steilen Hügel und 1903 gar eine elektrische Straßenbahn. Und selbst das Abflauen des Goldbooms zu Beginn des 20. Jh. hat die über Jahrzehnte reichste Stadt des Landes mit Haltung gemeistert.

Besichtigung Den 1989 neu gestalteten Stadtkern nennt man **The Octagon** ❶. Im Achteck verlaufende Straßen umschließen einen hübschen Park mit gepflegtem Rasen und einem *Bronzedenkmal* für den trinkfesten schottischen Poeten Robert Burns, hier sitzend und mit nachdenklicher Mine dargestellt. Sein Neffe Thomas Burns zählt zu den Gründervätern von Dunedin. Die anglikanische **St. Paul's Cathedral** ❷ (Führungen Mo–Sa 10.30, Di/Do auch 14.30 Uhr) an der Westseite des Platzes wurde 1915–19 aus hellem Oamarustein im neogotischen Stil erbaut. Ihre beiden Türme wirken seltsam klein und grazil im Vergleich zu dem mächtigen Spitzbogen der Fassade. Im *Inneren* sind kostbare Holzarbeiten und schöne Glasfenster aus dem 20. Jh. zu sehen. Das *Visitor Information Centre* residiert nebenan in den restaurierten gut 100 Jahre alten **Municipal Chambers**

Repräsentativ ist das Gebäude des Visitor Information Centre am Octagon von Dunedin

❸. Dieses durch Pilaster äußerlich stark gegliederte Rathaus ist leicht an seinem zentralen Glockenturm mit den beiden Außengalerien zu erkennen.

Wenige Schritte entfernt befindet sich die **Dunedin Public Art Gallery** ❹ (tgl. 10–17 Uhr, http://dunedin.art.museum) mit ihrer hervorragenden Gemäldesammlung. Erfolgreich wird hier ein Bogen von europäischen Meistern wie Claude Monet zu neuseeländischen Künstlern wie Frances Hodgins gespannt.

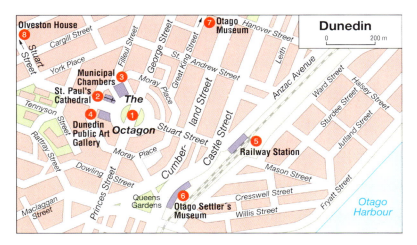

Eine Augenweide ist der 1904 im Stil der Renaissance errichtete Bahnhof von Dunedin

Nach Osten führt die Stuart Street direkt auf die **Railway Station** ❺ an der Anzac Avenue zu. Reichtum und Stolz des alten Dunedin kulminieren in dem 1904 entstandenen Bahnhofsbau. Flämischer Renaissancestil prägt die Fassade aus dunklem Basalt und cremeweißem Oamarustein. Architekt *George Troup* ließ seiner Fantasie freien Spielraum: Buntglasfenster, farbenfroh gefliese Innenwände und über 700 000 Mosaikplättchen auf dem Fußboden wären eines türkischen Serails würdig gewesen. Bei aller Pracht aber bedachten die Dunediner Troup wegen seines überbordenden *Gingerbreadstils* mit dem spöttischen Spitznamen ›Lebkuchen-George‹.

Im Dezember und Januar startet vom Bahnhof der historische Zug der **Taieri Railway** (Tel. 03/477 44 49, www.taieri.co.nz) über atemberaubende Viadukte der Taierischlucht nach Westen in das urtümliche Hinterland um Pukerangi.

Im Süden, nahe dem Bahnhof, reflektiert in 31 Queens Street das **Otago Settler's Museum** ❻ (tgl. 10–17 Uhr, www.otago.settlers.museum) die Stadtgeschichte von Moa-Jägern und Maori über Walfänger, schottische Pioniere und Goldsucher bis zu emsigen Geschäftsleuten jüngerer Tage. Es ergänzt die Ausstellungen des stadtauswärts gelegenen **Otago Museum** ❼ (Mo–Fr 10–17, Sa/So 13–17 Uhr, www.otagomuseum.govt.nz), das auf Archäologie, Geschichte des polynesischen Raumes und Naturgeschichte des neuseeländischen Südens spezialisiert ist.

Einblick in die Welt des Dunediner Geldadels um die Jahrhundertwende gibt **Olveston House** ❽ (42 Royal Terrace, tgl. sechs geführte Touren, Tel. 03/477 33 20, www.olveston.co.nz) auf einem Hügel über der Stadt. Das 1904 erbaute Herrenhaus des Kaufmanns David Theomin ist mit allen Kostbarkeiten und Antiquitäten gefüllt, die Geld damals in England kaufen konnte, verwirrt allerdings manchmal durch diese Fülle.

Anschauliche Ahnenforschung an den Wänden des Otago Settler's Museum

53 Oamaru

Otago Peninsula

Etwa 50 km von Dunedin entfernt liegt auf der Halbinsel **Larnach Castle** (tgl. 9–17 Uhr, www.larnachcastle.co.nz), das einzige Schloss Neuseelands. Der Bankier und Politiker William Larnach hatte den kubischen zinnengekrönten Bau in herrlicher Hügellage 1871 für seine Frau Eliza bauen lassen. Die meisten Besucher interessieren sich weniger für die Antiquitätensammlung als für die Spuk- und Skandalgeschichtchen des Hauses.

An der *Ortobello Bay* zeigt das **NZ Marine Studies Centre & Aquarium** (im Sommer tgl. 12–16.30 Uhr, www.marine.ac.nz) einen guten Querschnitt der südpazifischen Unterwasserwelt. Die große Attraktion aber ist das Naturreservat **Taiaroa Head** (Führungen des Royal Albatross Centre, Dunedin, Tel. 03/478 04 99, Mi–Mo im Sommer ab 9, im Winter ab 10 Uhr, www.albatross.org.nz) an der Spitze der Halbinsel. Dort lebt, dicht beim Leuchtturm, eine Kolonie von *Königsalbatrossen*. Die herrlichen Tiere mit einer Flügelspannweite von bis zu 3 m teilen die Klippen mit Seehunden, Kormoranen und Gelbaugenpinguinen.

ℹ Praktische Hinweise

Information
VIC, 48 The Octagon, Dunedin, Tel. 03/474 33 00, Fax 03/474 33 11, www.cityofdunedin.com

Hotels
****Southern Cross Hotel**, Ecke Princes/High Street (nahe Octagon), Dunedin, Tel. 03/477 07 52, Fax 03/477 57 76, www.scenic-circle.co.nz. Freundlich-elegantes 178-Zimmer-Haus mitten in der Stadt.

***Larnach Lodge**, Camp Road, Otago Peninsula, Tel. 03/476 16 16, Fax 03/455 15 74, www.larnachcastle.co.nz. Von jedem der 12 Zimmer im Schloss sieht man weit über das Meer.

Restaurants
Portrait, 900 Cumberland Street (SH 1), Dunedin, Tel. 03/477 53 80. Preisgekröntes Restaurant der Abbey Lodge. An den Wänden amüsieren Karikaturen lokaler Berühmtheiten von Murray Webb.

The Palms, 198 Queens Gardens, Dunedin, Tel. 03/477 65 34. Restaurant im historischen Imperial Building, viele klassische europäische Gerichte auf der Karte.

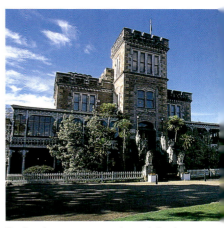

Der Bau des extravaganten Larnach Castle ruinierte im 19. Jh. den Schlossherren völlig

53 Oamaru

Neoklassizismus, Blue Penguins und sagenhafte Steinkugeln am Strand.

Das beeindruckende Zentrum der kleiner **Hafenstadt** Oamaru lohnt einen Stopp. Hier entstand im ausgehenden 19. Jh. ein erstaunliches Gebäudeensemble in neoklassizistischem Stil, als aus Europa die Schwärmerei für alles Griechische überschwappte und gleichzeitig weißer

Das windumtoste Kap Taiaroa Head ist Heimat unzähliger Sturmvögel und Albatrosse

Oamaru

Oamarukalkstein, *Whitestone,* zur Hand war, der im nahen Weston gebrochen wurde. Ein ausgeschilderter **Historic Walk** rückt Giebel, korinthische Säulen, zart gearbeitete Akanthusblätter auf den Kapitellen und mächtige Portikos ins Blickfeld. Sorgfältig restauriert, beeindrucken vor allem die *Forrester Gallery* von 1883 und die 1871 erbaute *National Bank*, beide bei der Thames Street Bridge, sowie das frühere *Custom's House* in der Tyne Street.

Am Südrand der Stadt kann man von Sitztribünen an der Waterfront aus **Blue Penguins** beobachten, putzige kleine Pinguine, die in der Abenddämmerung gruppenweise vom Strand zu ihren Höhlen im felsigen Ufer watscheln.

Moeraki Boulders

32 km südlich von Oamaru liegen die viel fotografierten Moeraki Boulders am Strand und im seichten Wasser. Die etwa 50, teilweise geborstenen **Steinkugeln** mit einem Einzelgewicht von mehreren Tonnen und einem maximalen Umfang von über 4 m wirken wie Murmeln eines Riesen. Maori sehen in ihnen die versteinerten Vorratskörbe eines gekenterten Ahnenkanus. Die wissenschaftliche Erklärung ist weniger romantisch: Am Meeresgrund kristallierten vor vielen Millionen Jahren Kalksalze um feste Kerne. Als sich der Meeresboden hob, gelangten sie mit an die Oberfläche und wurden von der Brandung freigewaschen.

Praktische Hinweise

Information
VIC, 1 Thames Street, Oamaru, Tel. 03/434 16 56, Fax 03/434 16 57, www.visit oamaru.co.nz

Hotel
***Burnside Homestead**, 527 Burnside Road, Elderslie Estate, Enfield, Oamaru, Tel. 03/432 41 94, www.burnsidehome stead.co.nz. Von Gärten umgebenes viktorianisches Landhaus westlich der Stadt mit Old England-Charme.

Christchurch

Die größte Stadt der Südinsel liegt in einer grünen Ebene und wirkt ›very british‹.

Vom Farmland der weiten Canterbury Plains bis zur Pegasus Bay, vom mündenden Waimakiri River bis zu den vulkanischen Porthills im Südosten reicht Christchurch. Mit 320 000 Einwohnern ist sie die größte Stadtregion der Südinsel.

Geschichte Vor rund 150 Jahren ging **John Robert Godley**, jung, gläubig und konservativ, als Beauftragter der fundamental-christlichen *Canterbury Association* im Tiefwasserhafen Lyttelton am Ansatzpunkt von Banks Peninsula an Land. Als Gepäck brachte er u. a. **Besiedlungs-**

Zwar wirken die Moeraki Boulders wie Spielzeug für Riesen, doch auch kleine Leute haben ihren Spaß mit den steinernen Kugeln am Strand zwischen Dunedin und Oamaru

Christchurch

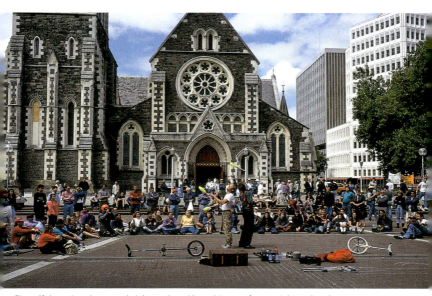

Einradfahrer, Jongleure und vieles mehr – Alt und Jung erfreuen sich an dem bunten Programm, das auf dem Cathedral Square von Christchurch geboten wird

pläne mit, die eine Klassengesellschaft aus Großgrundbesitzern und kirchlich überwachten Arbeitern vorsahen. Die ersten vier Schiffe mit handverlesenen Siedlern landeten am 16. Dezember 1850. Godleys Ideen waren aber nur in Ansätzen zu verwirklichen und scheiterten schließlich an der Realität: Der Landkauf blieb umstritten, australische Großfarmer brachten riesige Schafherden in die Canterbury Plains, für Neusiedler gab es kein Land mehr, das Geld war bald aufgebraucht. Und nur allzu rasch kamen die frommen Arbeiter in Kontakt mit rohen australischen Squattern. Die Siedlung Christchurch, die ihren Namen nach der Kirche des britischen *Oxford College* erhalten hatte, hatte jedoch Bestand.

Besichtigung Das geometrische Straßenraster, nur durch die Windungen des baumgesäumten *Avon River* unterbrochen, macht die Stadt übersichtlich. Im Zentrum liegt der weite **Cathedral Square** ❶, mit John Robert Godley in Bronze auf dem Denkmalsockel. Der Stadtgründer wacht dergestalt über einen turbulenten, fröhlichen, manchmal ausgeflippten und nachts nicht ganz sicheren Platz. In den Platz hinein ragt die anglikanische **Christchurch Cathedral** ❷ (Mo–Sa 9–17, So 7.30–17 Uhr, www.christchurchcathedral.co.nz) aus grauem Stein, mit reichlich weiß abgesetzten Ecksteinen, Erkern und Türmchen. Der 1864 begonnene, 1881 geweihte, aber erst 1904 vollendete Bau im imitierten Stil französischer Kathedralengotik geht auf einen Entwurf des Londoner Architekten *George Gilbert Scott* zurück. Farbige Glasfenster mit Abbildungen zur Regionalgeschichte prägen den Innenraum. 134 schmale Stufen führen zu einer *Aussichtsplattform* im 63 m hohen, mehrmals durch Erdbeben beschädigten Turm.

Den von der Kathedrale exakt nach Westen führenden **Worcester Boulevard** ❸ säumen einige schön renovierte Gebäude aus dem 19. Jh. Nahe dem Flüsschen Avon steht das **Scott Memorial** ❹, das Denkmal für den Polarforscher Robert Falcon Scott (1868–1912), das seine Witwe, die Bildhauerin Lady Kathleen Kerneth, gemeißelt hatte. Scott war 1811 vor Christchurch aus zum Südpol aufgebrochen, hatte diesen auch am 18. Januar 1912 erreicht, war aber mit seinem Team auf dem Rückweg in einem Schneesturm umgekommen. Dem tragischen Vorfall widmet sich übrigens in der Orchard Road nahe dem Flughafen im Norden der Stadt auch das moderne, technisch bestausgestattete **Antarctic Centre** ❺ (Okt.–März tgl. 9–19, April–Sept. 9–17.30 Uhr, www.iceberg.co.nz) mit dem Nachbau einer polaren Forschungsstation.

Christchurch

Das Antarctic Centre dokumentiert die Expedition des glücklosen Robert Scott, der 1912 den Südpol erreichte – vier Wochen nach seinem norwegischen Konkurrenten Amundsen

Einen ganzen Straßenblock nimmt hinter neogotischer Architektur (um 1900) das **Arts Centre** ❻ (tgl. 8.30–17 Uhr, www.artscentre.org.nz) ein. In dem ursprünglich als Universität genutzten Bauensemble arbeiteten im 20. Jh. zwei weltbekannte Geistesgrößen: Der spätere Nobelpreisträger *Sir Ernest Rutherford* machte in seinem hiesigen Labor die ersten Experimente im Bereich der Kernforschung. Und *Sir Karl Popper*, Philosoph aus Wien, lehrte während des Zweiten Weltkrieges an dieser Hochschule und schrieb parallel an einem seiner Hauptwerke *The open society and its enemies*. Heute beherbergt das historische Gebäude in turbulentem Kunterbunt mehr als 40 Kunstgalerien, Kunsthandwerkstudios, Läden, das erfolgreiche *Court Theatre*, Cafés und Restaurants.

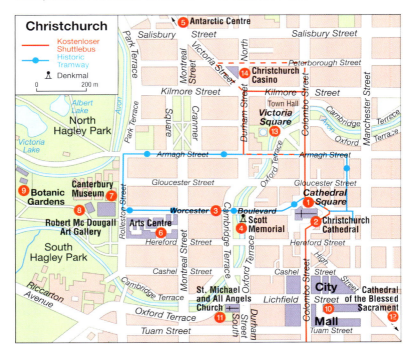

Christchurch

Jenseits der Rolleston Street steht das von Julius von Haast gegründete und neu geordnete, 1870 im Gothic Revival Stil erbaute naturkundliche **Canterbury Museum** ❼ (Okt.–März tgl. 9–17.30, April–Okt. 9–17 Uhr, www.canterburymuseum.com). Besonders sehenswerte Abteilungen sind die Hall of Antarctic Discovery zur Geschichte der Antarktiserforschung, die Hall of Birds zur heimischen Vogelwelt und die Ausstellungen zur Kunst der Maori. Hinter dem Museum befindet sich die kleine **Robert Mc Dougall Art Gallery** ❽ (tgl. 10–17.30 Uhr) mit einem festen Bestand an englischen und flämischen Bildern des 17.–19. Jh. sowie Werken zeitgenössischer neuseeländischer Maler. Erholung bieten die angrenzenden 30 ha großen **Botanic Gardens** ❾ (tgl. 7 bis 1 Std. vor Sonnenuntergang Uhr) oder auch der benachbarte *Hagley Park*.

Im Süden des *Cathedral Square* liegt die Fußgängerzone **City Mall** ❿. Hier und in der kreuzenden *Colombo Street* befindet sich Christchurchs unprätentiöse, aber lebendige Shoppingmeile. Wer weiter in den Stadtsüden vordringt, findet Ecke Oxford Terrace und Lichfield Street die schöne weiße, mit Buntglasfenstern geschmückte **St. Michael and All Angels Church** ⓫ (Mo–Sa 12–14, So–16 Uhr). Sie ist eine der größten Kirchen der Stadt, 1872 ganz aus einheimischem Holz im Gothic Revival Style erbaut. Weiter im Südosten gelangt man zur katholischen **Cathedral of the Blessed Sacrament** ⓬ (tgl. 9–17 Uhr), einem etwas erhöht liegenden, imposanten Bau mit Kuppel über der Vierung. Die mächtige und würdevolle Bischofskirche entstand in den ersten Jahren des 20. Jh. im Neorenaissancestil.

Nördlich des Cathedral Square hat sich Christchurch mit Hochhäusern am **Victoria Square** ⓭, der *Town Hall* und dem *Convention Center* in der Kilmore Street in die Moderne gebaut. Das nahe **Christchurch Casino** ⓮ in der Victoria Street hätte mit seiner Architektur, seiner Verführung und seinen allzeit bereiten einarmigen Banditen dem frommen Stadtgründer J. R. Godley wohl nicht gefallen.

Eine angenehme Alternative zum Großstadtverkehr ist übrigens eine **Gondelpartie** auf dem Avon. Man legt am Kai Ecke Worcester Boulevard und Oxford Terrace ab und kann sanft durch die Innenstadt zum Victoria Square gleiten.

Lyttelton Harbour

Der kleine Lyttelton Harbour ist von Christchurch durch eine Hügelkette getrennt. Ein Straßen- und Bahntunnel verbindet ihn mit der Stadt, doch sollte man unbedingt die 445 m hohen vulkanischen **Port Hills** ersteigen. Mit der Seilbahn **Mount Cavendish Gondola** (tgl. 10 Uhr – Sonnenuntergang) ab Bridge Path Road geht das ganz leicht, und vom Hügelkamm genießt man eine wahre Prachtaussicht über Lyttelton mit einigen sehr hübschen Cottages. Im Hafen gewahrt man des ›Seeteufels‹ Felix Graf Lucknersgefängnisinsel Ripapa und erblickt Diamond Harbour auf der gegenüberliegenden Seite der Bucht sowie die Pegasus Bay mit dem Panorama von Christchurch.

Kanuten und andere Freizeitkapitäne vergnügen sich in Christchurch auf dem Avon

Banks Peninsula

Banks Peninsula kann das vor vielen Millionen Jahren stattgefundene Drama infernale ihrer **vulkanischen Entstehung** nicht verleugnen: steile Hügelflanken, erstarrte Lavaströme und felsige Küste, viele Buchten und immer wieder kleine Sandstrände. Auf der überschaubaren Halbinsel sind um **Lake Ellesmere** und mit dem **Birdsland Sanctuary** zwei kleine Vogelschutzgebiete ausgewiesen.

Von Christchurch aus sind es 85 km auf dem Highway 75 zu dem idyllischen Ferienort **Akaroa** an der Südküste von Banks Peninsula. 63 Franzosen hatten das einstige Fischerdorf 1840 am Ufer des schmalen *Akaroa Harbour* gegründet. Noch heute besitzt Akaroa französische Straßennamen, Charme und gut 150 Jahre alte Cottages. Das *Langlois Eteveneaux-House* neben dem kleinen **Early Settler Museum** (tgl. 10.30–16.30 Uhr) in der Rue Lavaud gilt als ältestes Siedlerhaus in der ganzen Region Canterbury.

ℹ Praktische Hinweise

Information

VIC, Cathedral Square, Christchurch, Tel. 03/379 96 29, Fax 03/377 24 24, www.christchurch.org.nz

Schiff

Black Cat Cruises, Lyttelton Harbour, Christchurch, Tel. 03/304 76 41, www.blackcat.co.nz. Geboten werden Akaroa Harbour Cruises, Touren zur Quail Island Recreational Reserve, nach Ripapa Island und Schwimmen mit Delphinen.

Diamond Cruises, Lyttelton Harbour, Christchurch, Tel. 03/328 83 68. Ausflüge nach Quail Island sowie nach Vereinbarung zum Fort Jervois auf Ripapa Island.

Hotels

******Chateau on the Park**, 189 Deans Avenue, Christchurch-Riccarton, Tel. 03/348 89 99, Fax 03/348 89 90, www.chateau-park.co.nz. Die Lage des 200-Zimmer-Hauses am Hagley Park ist wunderschön.

******Cotswold Hotel**, 88–96 Papanui Rd, Christchurch, Tel. 03/355 35 35, Fax 03/355 66 95, www.scenic-circle.co.nz. Dieses Hotel im Tudor Stil strahlt Ruhe und Charme aus.

*****Akaroa Village Inn**, 81 Beach Road, Akaroa, Tel. 03/304 11 11, Fax 03/304 74 23, www.akaroavillageinn.co.nz. Direkt am Wasser gelegen und am Ausgangspunkt von Bootsexkursionen in die lang gestreckte Hafenbucht zu Hector Delphinen und Pinguinen.

Restaurants

Dux de Lux, 41 Hereford Street, Christchurch, Tel. 03/366 69 19. Fantasievolle Fischgerichte mit indischen und japanischen Saucen im quirligen Arts Centre. Sehr schöner Biergarten anbei.

Wandelnde Wolle

In einem Land mit zehnmal so vielen **Schafen** wie Menschen kommen auch Touristen nicht umhin, auf Merinos, Romneys, English Leicesters, Border Leicesters, Halfbreed Hoggets und Corriedales zu stoßen. Der Spaß an **Schafschurwettbewerben** hält sich jedoch für Nicht-Neuseeländer eher in Grenzen. Die Tiere fürchten sich, blöken, werden getrieben, gezogen, zwischen die Beine des Scherers geklemmt, mit einer elektrischen Maschine geschoren und finden sich frierend und nackt in einem Pferch wieder. Die Scherer brechen Rekorde, ein Champion braucht nicht einmal 40 Sekunden pro Schaf. Das freut den Farmer und spornt die Arbeiter an, denn sie werden nach Akkord bezahlt. Die Schafe aber müssen damit zufrieden sein, mit ihrer Wolle

Wahre Bocksprünge vollführt manches Schaf, wenn es ans Scheren geht

und ihrem Fleisch neben weiteren landwirtschaftlichen Erzeugnissen zu 48 % zum Exporterlös Neuseelands beizutragen.

55 Aoraki/Mount Cook National Park

Weit erstreckt sich das quasi menschenleere Mackenzie Country zwischen Lake Pukaki und Mount Cook, dem höchsten Gipfel des nach ihm benannten Nationalparks

TOP TIPP **Palazzo del Marinaio**, 108 Hereford Street (Shades Arcade), Christchurch, Tel. 03/365 46 40. Mediterrane Überraschung für alle, die Seafood mit italienischem Touch lieben.

55 Aoraki/Mount Cook National Park

Den Nationalpark krönen die höchsten Berge der Southern Alps.

Im 70 000 ha großen Nationalpark sind 22 in Schnee und Eis erstarrte Gipfel über 3000 m hoch. *Mount Cook*, in der Sprache der Maori **Aoraki**, ›der die Wolken durchbohrt‹ überragt sie alle mit seinen 3754 m.

Eilige Besucher können den abgelegenen Nationalpark mit **Kleinflugzeugen** von den meisten Städten der Südinsel aus in einem Tagesausflug erreichen. Gemietete Leichtflugzeuge und Helikopter umkreisen die mächtigen Gipfelkönige des zentralen Höhenzuges der **Main Divide** und die West Coast Glaciers [s. S. 100]. Höhepunkte eines solchen Rundflugs sind neben Mount Cook selbst und dem nahen Murchison Glacier auch **TOP TIPP** der 29 km lange **Tasman Glacier**. Letzterer zieht mit 12 km Piste zunehmend *Skiläufer* an. Eine besondere Attraktion ist die Anreise per Helikopter.

Autofahrer bringt der SH 8 an den Rand des Naturparks. Am *Burke Pass* im Osten liegt **Mackenzie Country**, eine riesige, mit Tussockgras bestandene Hochfläche, die bei Sonnenschein golden schimmert. Das karge Land trägt den Namen des legendären schottischen Räubers James Mackenzie, der 1855 eine Herde von 1000 Schafen stahl. Er wurde zwar gefangen genommen und zu einer Haftstrafe verurteilt, doch Volkes Sympathie ist bis heute mit ihm.

Von gelblichem Tussockgras umgeben ist auch der See **Lake Tekapo**, 20 km lang, türkisfarben, von Gletscherflüssen gespeist und eiskalt. Am Seeufer nahe dem netten Städtchen Lake Tekapo legte 1935 der Duke of Gloucester den Grundstein für die kleine, vor dem Panorama der weißen Berge so überaus fotogene, steinerne *Church of the Good Shepherd*.

Beim lang gestreckten **Lake Pukaki** zweigt der Highway 80 zum Nationalpark ab. Die Straße folgt dem westlichen Seeufer, immer wieder mit Ausblicken auf das fantastische Alpenpanorama und endet im 762 m hoch gelegenen **Mount Cook Village**, dem touristischen Zentrum des Nationalparks. Vom Village aus sind zahlreiche *Walks* möglich.

55 Aoraki/Mount Cook National Park

Die Boote der Kaikoura Whale Watching gehören einheimischen Ngai Tahu Maori. Nur sie dürfen auf die touristische Suche nach Delphinen, Orcas, Pott- oder Buckelwalen gehen

Drei der schönsten Wanderungen führen zum **Hooker Lake**, zu den **Blue Lakes** mit Ausblick auf den unteren Tasman Gletscher und zur Aussichtsplattform am **Kea Point**, die ein großartiges Gletscherpanorama eröffnet. Über die unbefestigte 10 km lange Stichstraße *Tasman Valley Road* und nach einem anschließenden kurzen Spaziergang erreicht man **Tasman Lake**, an dem Bootsfahrten zu blau schimmernden Eisbergen und gewaltigen Eisformationen beginnen. Die als Tramping Tracks und Routes qualifizierten Touren setzen, nicht zuletzt wegen des rasch wechselnden Wetters, Hochgebirgserfahrung oder die Begleitung durch einheimische Führer voraus. Immer wieder gehen in diesen majestätischen Bergen Lawinen ab. Der letzte große Bergsturz ereignete sich 1991, wobei Mount Cook einen Nebengipfel und 10 m der eigenen Gipfelhöhe einbüßte.

Praktische Hinweise

Information
Aoraki Mount Cook National Park Visitor Centre, Bowen Drive, Mount Cook Village, Tel. 03/435 18 19, Fax 03/435 18 95, www.mtcook.org.nz

Hotel
****Hermitage Hotel**, Mount Cook Village, Tel. 03/435 18 09, Fax 03/435 18 95, www.mount-cook.com. Reisegruppen buchen gern das einstige Luxushotel in alpiner Lage mit Panoramarestaurant.

56 Kaikoura

Vor der rauen Küste schwimmen Wale und tummeln sich Delphine.

Maori brachten es vor langer Zeit auf den Punkt: Kaikoura bezeichnet in ihrer Sprache eine Stelle, an der man gut ›Langusten essen‹ kann. Das gilt noch heute für den **Fischerort** zwischen der herbschönen Küste und den bis in den Sommer schneebedeckten Bergen der *Seaward* und *Inland Kaikoura Range*, wo der *Tapuae-o-Uenuku* 2885 m Höhe erreicht.

Aus der felsigen Küste der Kaikoura Peninsula feilte das Meer im Laufe von Jahrmillionen zahlreiche Felsbuchten heraus. Moa-Jäger entdeckten um 1000 n. Chr. die grüne Halbinsel, ihnen folgten Maori. 1842 sahen **Walfänger** in Kaikoura einen idealen Standplatz und nutzten ihn bis 1964. Ein Überbleibsel aus der Zeit des ersten großen Gemetzels ist das 1860 teils auf Walknochen gebaute **Fyffe House** (Nov.–Mai tgl. 10–18, Juni–Okt. Mo–Fr 10–16 Uhr) in 62 Avoca Street nahe der *Old Wharf* östlich des Stadtzentrums.

Wale, vor allem **Pottwale**, sind auch heute noch ausschlaggebend für eine Reise nach Kaikoura. Motorboote oder stahlverstärkte Schlauchboote laufen an der South Bay zum **Whale Watching** aus, einem großen, wenngleich nicht mehr stillen Erlebnis. Die Chancen stehen nicht schlecht, einige der gewaltigen Meeressäugern in ihrem natürlichen Lebensraum zu sehen. Hoher Wellengang lässt aber für manche

Interessierte Whale Watching vom Helikopter aus angenehmer erscheinen.

Findige Unternehmer locken in Kaikoura zum Schwimmen zwischen **Dusky Delphinen** mit Tauchanzug und Schnorchel im kühlen Wasser der *Goose Bay*. Man kann sich aber auch mit **Haien** (Nov.–Mai) treffen: Dabei sitzt der neugierige Mensch in kundiger Begleitung zwischen den Gitterstäben eines Käfigs, der Hai befindet sich in Freiheit, wird gefüttert – und darf sich wundern.

Praktische Hinweise

Information
VIC, Westend, Kaikoura, Tel. 03/319 56 41, Fax 03/319 68 19, www.kaikoura.co.nz

Walbeobachtung
Whale Watch Kaikoura, Tel. 03/319 67 67, Fax 03/319 65 45, www.whalewatch.co.nz. Wal-Touren müssen, in der Saison bis zu zehn Tage im Voraus, gebucht werden.

Hotel
*****White Morph Motor Inn**, 92–94 The Esplanade, Kaikoura, Tel. 03/319 50 14, Fax 03/319 50 15, www.whitemorph.co.nz. Die schönsten Zimmer im komfortablen Küstenhotel bieten Pazifikblick.

Restaurant
*****Fyffe Country Lodge**, State Highway 1, 4 km südlich von Kaikoura, 03/319 68 69, Fax 03/319 68 65, www.fyffecountrylodge.com. In dem Gourmetrestaurant der Lodge muss man unbedingt *Crayfish*, Languste, probieren.

57 Blenheim

Die Sonne lacht mehr als 200 Tage im Jahr über dem Weinbaugebiet der Wairau Plains.

Die grandiose Wasserlandschaft der Marlborough Sounds im Norden [s. S. 85], von der es die Ausläufer der *Richmond Range* trennen, ergänzt das Provinzstädtchen (35 000 Einw.) in der fruchtbaren Wairau-Ebene seit drei Jahrzehnten mit einem prosperierenden **Weinland**.

Dabei stand die *Stadtgründung* in der ersten Hälfte des 19. Jh. unter keinem guten Stern, denn Maori griffen die erste Siedlung der Weißen im Norden des heutigen Blenheim wegen eines Landbetruges der Pakeha an und töteten im Laufe der Auseinandersetzung mehrere der Siedler, darunter Arthur Wakefield, den Bruder von Edward Gibbon Wakefield [s. S. 13], was als **Wairau Massacre** in die Geschichte einging. Daran erinnert die alte Kanone, die der Walfängerkapitän Blenkinsopp 1831 den Maori als Gegengabe für die Besitzrechte an der fruchtbaren Wairau-Ebene aufgeschwatzt hatte. Dem Anspruch von Siedlertüchtigkeit entspricht die rekonstruierte Pioniersiedlung im **Marlborough Museum** (www.marlboroughmuseum.org.nz, tgl. 10–16 Uhr) im Brayshaw Park an der New Renwick Road im Süden der Stadt.

Seit der **Marlborough Sauvignon Blanc** aus dem hiesigen Weingut Montana 1989 in London die *Marquis de Goulaine Trophy* für den besten Sauvignon Blanc der Welt erhielt, zieht Blenheim weininteressierte Touristen an. Ein großes Spektakel ist jährlich am zweiten Wochenende im Februar das **Marlborough Wine & Food Festival** (www.wine-marlborough-festival.co.nz).

Praktische Hinweise

Information
VIC, Railway Station, SH 1, Blenheim, Tel. 03/577 80 80, Fax 03/577 80 79, www.destinationmarlborough.com. Auch Auskunft über den *Wine Trail* (28 Weingüter zwischen Blenheim und dem 15 km westlich gelegenen Renwick).

Hotels
*****Hotel d'Urville**, 52 Queen Street, Blenheim, Tel. 03/577 99 45, Fax 03/577 99 46, www.durville.com. Hinter einer nachempfundenen klassischen Tempelfassade verbergen sich elf elegante Zimmer. Kochschule ›Cook's Discovery‹ im Haus bildet Freizeitköche aus.

*****Marlborough**, 20 Nelson Str, Blenheim, Tel. 03/577 73 33, Fax 03/577 53 37, www.marlboroughhotel.co.nz. Die 28 Zimmer sind besonders stilvoll eingerichtet und im angegliederten *Dukes Restaurant* isst man ausgezeichnet.

Restaurants
The Corral, 3 Main Street, Blenheim, Tel. 03/578 80 99. Chef Marcels Stärke sind feine Seafood-Gerichte nach einheimischen Rezepten.

Bacchus, 3 Main St, Blenheim, Tel. 03/578 80 99. Gemütlich intimes Abend-Restaurant mit vorzüglicher Küche.

Neuseeland aktuell A bis Z

■ Vor Reiseantritt

ADAC Info-Service:
Tel. 01805/101112,
Fax 01805/302928 (0,14 €/Min.)

ADAC im Internet:
www.adac.de,
www.adac.de/reisefuehrer

Neuseeland im Internet:
www.newzealand.com,
www.nzinfo.de

Deutschsprachige **Auskünfte** von Tourism New Zealand (Mo–Sa 9–13 Uhr) unter Informationshotline:
Deutschland: 09 00/100 78 73
Österreich: 09 00/15 01 23
Schweiz: 09 00/10 07 87

Visa-Informationen und -Anträge für Aufenthalte von mehr als 3 Monaten:

Botschaft von Neuseeland,
Friedrichstr. 60, 10117 Berlin,
Tel. 030/20 62 1-0, Fax 030/20 62 1-114,
www.nzembassy.com

Die Berliner Botschaft erteilt auch Visa für Österreicher und Schweizer.

Generalkonsulat von Neuseeland für Österreich, Salesianergasse 15/3, A-1030 Wien, Tel. 01/318 85 05, Fax 01/23 27 79 40

Generalkonsulat von Neuseeland für die Schweiz, 2 Chemin des Fins, CH-1218 Grand Saconnex, Genf, Tel. 022/929 03 50, Fax 022/929 03 74

■ Allgemeine Informationen

Reisedokumente

Für einen Aufenthalt von bis zu drei Monaten genügt für Deutsche, Österreicher und Schweizer ein Reisepass oder ein Kinderausweis, der noch drei Monate über das Rückreisedatum hinaus gültig sein muss. Wer länger in Neuseeland bleiben will, benötigt ein Visum. Außerdem nötig: ein Rückflugticket und ausreichend finanzielle Mittel für den Aufenthalt (ca. NZ$ 1000 pro Person und Monat).

Kfz-Papiere

Nationale Führerscheine (Deutschland, Österreich, Schweiz) oder EU-Führerscheine werden anerkannt.

Krankenversicherung

Ärztliche Behandlung ist in Neuseeland kostenpflichtig, daher empfiehlt sich eine zusätzliche Reisekrankenversicherung mit Rückholdienst.

◁ *Alles Kiwi in Neuseeland –*
Oben links: *Einzigartige Landschaften, hier der Ninety Mile Beach im Norden*
Oben rechts: *sportliche Menschen, hier bei Queenstown*
Mitte: *die berühmte Frucht*
Unten links: *Vorliebe fürs Direkte*
Unten rechts: *Schnitzkunst der Maori*

Zollbestimmungen

Tierische Produkte, Obst, pflanzliches Material und Lebensmittel dürfen nicht ins Land gebracht werden. Die Einfuhr von **Golfschlägern**, **Camping-** oder **Trekkingausrüstung** muss bei Zoll deklariert werden. Sollten die mitgeführten Gegenstände den neuseeländischen Hygienevorschriften nicht genügen, werden sie auf Kosten des Einreisenden am Zoll gereinigt. Die Einfuhr von Waffen jeder Art, Narkotika und pornographischem Material ist verboten. Für verschreibungspflichtige Medikamente sollte eine ärztliche Verschreibung vorliegen. Detaillierte Auskünfte beim neuseeländischen Zollamt, www.customs.govt.nz

Zollfrei **einführen** darf man Waren im Wert von NZ $ 700. Touristen über 17 Jahre dürfen neben Gegenständen des persönlichen Bedarfs ein- oder ausführen: 200 Zigaretten oder 250 g Tabak oder 50 Zigarren oder eine Mischung, die 250 g nicht übersteigt, sowie 4,5 l Wein oder 4,5 l Bier und max. 1,125 l Spirituosen.

Alle erwachsenen internationalen Reisenden müssen bei ihrer Abreise aus Neuseeland eine **Ausreisegebühr** in Höhe von zzt. NZ$ 25 entrichten.

Geld

Die Landeswährung ist der *New Zealand Dollar* (NZ $) à 100 Cents. Es gibt Bank-

Allgemeine Informationen

noten zu 5, 10, 20, 50 und 100 $, Münzen zu 10, 20 und 50 Cents und zu 1 und 2 $.

Alle Banken und Wechselstuben tauschen **Bargeld**, auf Euro, Schweizer Franken, US-$ oder Britische Pfund ausgestellte **Reiseschecks** sowie **Traveller Cheques** der Bank of New Zealand, die einigen europäische Banken ausgeben.

Mit der **EC-Karte** kann man Geld an Automaten mit dem Maestro oder Cirrus-Symbol abheben (Gebührenaufschlag).

Die gängigen **Kreditkarten** (VISA, Master Card, AmEx) werden fast überall im Land angenommen. Hotelzimmer bekommt man meist erst nach Vorlage einer Kreditkarte zu sehen. Mietwagenfirmen verlangen vor Übergabe eine Kaution (*Deposit*) bzw. die Vorlage einer Kreditkarte.

Hund und Katze

Die Berliner Botschaft von Neuseeland gibt keine Informationen über die Einfuhr von Haustieren. Auskunft erteilt die neuseeländische Zollabteilung:

New Zealand Embassy, **Customs & Veterinary Services**, Square de Meeus No. 1, 1000 Brüssel, Belgien, Tel. 00 32/2/550 12 18

Tourismusämter im Land

In fast allen beschriebenen Orten gibt es regionale **i-Site Visitors Centres** oder **Visitor Information Centres**, **VIC** genannt (s. *Praktische Hinweise*). Hier bekommt man Auskünfte, Broschüren und Karten. *Nationalparks* unterhalten Besucherzentren, die dem **Department of Conservation**, **DOC**, unterstehen.

Notrufnummern

Polizei, Ambulanz, Krankenwagen: Tel. 111

In kleineren Orten gelten mitunter abweichende Notrufnummern, die in den öffentlichen Fernsprechzellen angeschlagen sind. Von dort aus geführte Notrufe sind kostenlos.

Straßenwacht: Tel. 08 00/22 43 57

Bei *Autopannen* hilft Mitgliedern europäischer Autoclubs der Pannenhilfsdienst der **New Zealand Automobile Association** (AA), Auckland, Tel. 09/377 46 60, Fax 09/309 45 64.

ADAC Notrufzentrale München: Tel. 00 49/89/22 22 22 (rund um die Uhr)

ADAC Ambulanzdienst München: Tel. 00 49/89/76 76 76 (rund um die Uhr)

Österreichischer Automobil Motorrad und Touring Club
ÖAMTC Schutzbrief-Nothilfe: Tel. 00 43/(0)1/251 20 00

Touring Club Schweiz
TCS Zentrale Hilfsstelle: Tel. 00 41/(0)2 24 17 22 20

Diplomatische Vertretungen

Embassy of the Federal Republic of Germany, 90–92 Hobson Str, Wellington, Tel. 04/473 60 63, Fax 04/473 60 69

German Consulate, 52 Symonds Street, Auckland, Tel. 09/913 36 74

Austrian Consulate General, 22–24 Garrett Street, Wellington, Tel. 04/389 92 61, Fax 04/385 46 42

Embassy of Switzerland, 22 Panama Street, Wellington, Tel. 04/472 15 93, Fax 04/499 63 02

Gesundheit

Für Neuseeland sind keine *Impfungen* vorgeschrieben. Wegen der dünnen Ozonschicht empfiehlt es sich, auf hinreichenden **Sonnenschutz** zu achten, zumal wenn sich in den Monaten September und Oktober über dem Südpol das Ozonloch öffnet. Es gibt auf den Inseln weder Giftschlangen noch gefährliche Tiere. Aber es gibt Plagegeister, z. B. die kleinen schwarzen **Sandflies**, die im feuchten Westland und im Fiordland in Schwärmen auftreten. Ihre Stiche schmerzen und jucken stark. Hautfreundliche Mückensprays gehören ins Gepäck. **Wespen** sind in den Wäldern der nördlichen und zentralen Südinsel für alle ein großes Problem, die auf Stiche allergisch reagieren. **Giardia** ist ein Magenbeschwerden verursachender Parasit in den Flüssen und Seen des Inselinneren (keine

Dieses Verkehrszeichen weist den Vogel Kiwi als wahren ›King of the road‹ aus

Allgemeine Informationen – Anreise – Bank, Post, Telefon

Gefahr für Schwimmer). Wasser sollte daher nur abgekocht getrunken werden.

Die **medizinische Versorgung** in Neuseeland ist sehr gut, auch in ländlichen Gebieten steht ärztliche Hilfe zur Verfügung, Krankenhäuser unterhalten Tag und Nacht Notdienste. **Apotheken** sind zu den allgemeinen Geschäftszeiten geöffnet. In größeren Städten sind Bereitschaftsdienste rund um die Uhr eingerichtet. **Medikamente** werden nur gegen Rezept abgegeben. Personen, die ständig Medikamente einnehmen müssen, sollten den entsprechenden Vorrat für die Dauer der Reise mit sich führen.

In den meisten öffentlichen Gebäuden, Bars und Restaurants ist **Rauchen** verboten. Darüber hinaus gibt es ausgesprochene Nichtraucherhotels.

Besondere Verkehrsbestimmungen

In Neuseeland wird **links** gefahren. Dennoch gilt, soweit nicht durch Verkehrszeichen anders geregelt, der Rechtsvorrang. Es besteht **Anschnallpflicht** auf Vorder- und Rücksitzen. Entlang einer gelben Linie ist **Parken** generell verboten. **Motorrad-** und **Fahrradfahrer** müssen einen Helm tragen.

Tempolimits: Im Ortsgebiet 50 km/h, außerhalb geschlossener Ortschaften 100 km/h. Übertretungen werden häufig von *Speed Cameras* festgehalten und mit hohen Geldbußen belegt. In einer **Limited Speed Zone** (LSZ) ist die Geschwindigkeit angemessen zu reduzieren.

Die **Promillegrenze** liegt bei 0,5 für über 20-jährige Fahrer, bei 0,3 für Jüngere.

Elektrizität

230 V / 50 Hz; ›british 3-pin‹-Stecker.

Zeit

Neuseeland ist der MEZ während der europäischen Sommerzeit um 10 Std. voraus, während der neuseeländischen Sommerzeit (Okt.–Ende März) um 12 Std.

Anreise

Flugzeug

Internationale Flüge landen in **Auckland** oder **Christchurch**. Ab Mitteleuropa nehmen Flieger entweder die Westroute über Los Angeles oder Vancouver und die pazifischen Inseln oder die Ostroute über das Drehkreuz Singapur. Die Flugzeit beträgt je nach Linie und Zwischenstopps mindestens 25 Std.

Die Landeshauptstadt **Wellington** bedient vorwiegend den Inlandsverkehr. Im internationalen Flugverkehr wird sie, wie auch **Hamilton** und **Palmerston North**, nur von Australien aus direkt angeflogen. Der Grund dafür liegt in Wellingtons schwierigen Geländegegebenheiten, die nur eine kurze, für Großraumflugzeuge kaum geeignete Landebahn zulassen.

Landesweite **Fluginformationen** innerhalb Neuseelands Tel. 08 00/73 70 00

Bei der **Ausreise** wird eine **Airport Tax** von zzt. NZ $ 25 erhoben.

Bank, Post, Telefon

Bank

Neuseelands Banken sind landesweit Mo–Fr 9.30–16.30 Uhr geöffnet.

Post

Größere Postämter sind Mo–Fr 8.30 bzw. 9–17 Uhr geöffnet. In kleinen Orten übernehmen oft Geschäfte, Dairies oder Kioske Postdienst und Briefmarkenverkauf.

Telefon

Internationale Vorwahlen:
Neuseeland 00 64
Deutschland 00 49
Österreich 00 43
Schweiz 00 41

Die meisten öffentlichen **Telefonzellen** akzeptieren Telefonkarten (NZ $ 5–20; erhältlich in Postämtern, Läden und Tankstellen), einige auch Kreditkarten.

Nummern mit den Vorwahlen 08 00 und 05 08 können nur innerhalb Neuseelands gewählt werden und sind **gebührenfrei**.

Selbstwählgespräche (*STD calls*) nach Europa sind überall in Neuseeland möglich. Hilfe bei Auslandsgesprächen bieten **International Operator**, Tel. 01 70, und **Auslandsauskunft**, Tel. 01 72. Auskunft über den Preis eines Auslandsgespräches erhält man unter Tel. 01 60. **R-Gespräche** nach Deutschland meldet man über die deutsche Telekom-Vermittlung an, Tel. 00 09 49.

Die Benutzung handelsüblicher **GSM-Mobiltelefone** ist in Neuseeland problemlos möglich. Von Telefonaten sollte man trotzdem absehen, da die Gebühren ausgesprochen hoch sind. In abgelegenen Gebieten ist der Empfang mitunter schlecht bzw. nicht möglich.

■ Einkaufen

Geschäfte sind im Allgemeinen Mo–Fr 9–17.30 und Sa 10–13 Uhr geöffnet. In vielen Touristenorten und in *Dairies* (Mini-Supermärkte mit Imbiss und Kiosk) kann man auch abends und sonntags einkaufen (wechselnde Öffnungszeiten). Beim Einkauf von Waren wird eine Umsatzsteuer (GST = *Goods & Service Tax*) von 12,5 % aufgeschlagen.

Souvenirs

Das Angebot ist ungemein vielfältig und reicht von Kitsch bis zu edlen kunsthandwerklichen Stücken. Wer wenig Zeit mit Shopping verbringen will, findet im *Victoria Market* von Auckland, im Wellingtoner *Wakefield Market* sowie im *Arts Centre Market* in der alten Universität von Christchurch viele landestypische Produkte. Beliebt sind Mitbringsel wie **Schaffelle** und Produkte aus **Merino Wolle**, etwa Kleidungsstücke oder Teppiche. Am günstigsten kauft man diese in den kleineren Städten der Südinsel. Nelson, an der Nordküste der Südinsel, wurde durch die von Sonne und Meer angelockten alternativen Kunsthandwerker zu einem Zentrum kunstvoller und teils origineller **Keramikwaren**.

Historische **Holzschnitzereien** der Maori, vor allem Skulpturen und Masken von Göttern und Ahnen, sind nicht nur rar geworden, ihre Ausfuhr ist auch verboten.

Köstlichkeiten des Meeres zählen im Inselstaat Neuseeland zu den Spezialitäten

Bei der Mehrzahl der Angebote handelt es sich jedoch um *Nachbildungen* alter Motive, teils von durchaus guter Qualität. Reichlich Einkaufsmöglichkeiten bieten das *Maori Arts and Crafts Institute* und die Souvenirshops von Rotorua. Maori haben auch die alte Kunst des **Bone Carving**, des Knochenschnitzens, wieder belebt, wobei Tierfiguren am besten gelingen. Zu den beliebtesten Souvenirs zählt Schmuck aus **Greenstone**, der neuseeländischen Jade, die an der Westküste der Südinsel gewonnen und am günstigsten dort, zwischen Greymouth und Hokitika, gekauft wird. Aus einer Fülle von kleinen Gegenständen ragt der **Heitiki**, eine kleine stilisierte Maorifigur heraus, der man spirituelle Kräfte zuspricht. Zu interessanten Schmuckstücken – zuweilen nahe am Kitsch – wird das farbschöne, irisierende Innere der **Paua-Muscheln** verarbeitet.

■ Essen und Trinken

Neuseelands Küche erfreut sich keines guten Rufs. Allzu oft erinnerte zerkochtes Gemüse und hartgebruzzeltes Fleisch an das viel geschmähte britische Vorbild. Doch bei der Probe aufs Exempel wird man mittlerweile häufig angenehm überrascht: **Fische** und **Meeresfrüchte** zählen zu den besten der Welt, das **Fleisch** ist erstklassig, das **Gemüse** gartenfrisch und das **Obst** schmeckt herrlich. In den Städten sorgen zahlreiche europäische und asiatische Köche für ein reichhaltiges internationales Angebot – mit gelegentlicher Mintsauce als Zugeständnis an den neuseeländischen Geschmack.

Die empfehlenswertesten Landesspezialitäten, sieht man von Lamm und Rindersteaks ab, sind Meeresfrüchte: **Muscheln**, aus denen man cremige Suppen bereitet, in Wein gedämpfte *Greenlipped mussels* aus den Marlborough Sounds, *Scallops*, eine Art Jakobsmuscheln, die teuren *Tuatua* und die delikaten *Bluff oysters* von den kühlen Austernbänken vor der Südinsel, die es nur im April und Mai gibt. An der Küste bekommt man **Krustentiere**, vor allem *Crayfish* (Langusten), in Hafenstädten teilweise bereits zum Verzehr vorbereitet. Etwa 60 verschiedene **Fische**, darunter in Europa unbekannte, wie Hapuka, Groper, Tarakihi oder Hoki, werden angeboten. Als Spezialität

Very british – Erbe der Kolonialzeit

Das reichhaltige neuseeländische Frühstück, **Breakfast**, erinnert noch an die Tage der britischen und australischen Pioniere und Holzfäller. Zu Kaffee oder Tee und Fruchtsaft gibt es Eier jeder Art, gebratenen Speck (*Bacon*) sowie Pfannkuchen (*Pancakes*) mit Butter und Sirup. Dazu können noch Würstchen und frittierte, geraspelte Kartoffeln (*Hash browns*), Bohnen in Tomatensauce (*Baked beans*), Porridge mit Butter und Konfitüre, eventuell auch Fisch, Steaks oder Lammkoteletts bestellt werden.

Das Mittagessen, **Lunch**, fällt üblicherweise klein aus. Dafür bieten sich verschiedenste Lokale an, von Sushi-Bars und chinesischen Selbstbedienungsrestaurants, über Pubs und Takeaways bis zu Bistros, Imbissbuden und Fast Food Restaurants. Es muss durchaus nicht immer Fish & Chips oder ein Great Kiwi Burger sein. Wenn möglich nimmt man sich zur **Tea time** am frühen Nachmittag Zeit für eine Tasse Tee und Gebäck (*Scones*).

Zum Abendessen, **Dinner**, wird viel Fleisch angeboten. Die Rindersteaks sind zart und groß, die Lamb chops knusprig. Beliebt ist Huhn in vielen Variationen und natürlich immer wieder Fisch. Oft steht Venison, Wild, auf der Speisekarte. Rotwild wird gezüchtet; sein mageres Fleisch ist zart und von feinem Aroma. Als Beilagen eignen sich Spargel und Artischocken sehr gut, auch ungewöhnlichere Gemüse wie die Süßkartoffeln Kumara oder die Baumtomaten Tamarillos.

Alkohol wird nur in Bars und Lokalen ausgeschenkt, die eine spezielle Lizenz dafür haben. Ist dies nicht der Fall, fordert man mit der Abkürzung **BYO – Bring your own** – die Kunden auf, Wein und Bier selbst mitzubringen. Dafür bezahlt man ein Korkgeld, das in der Gebühr für das Gedeck enthalten ist. Alkoholische Getränke kauft man in *Bottle Stores*, die abends oft bis 22 Uhr geöffnet sind.

Ausgezeichnete neuseeländische **Weine** keltert man in der Umgebung von Auckland, auf Waiheke Island, im Waikato und auf der Südinsel um Blenheim. Die Spezialitäten sind Sauvignon Blanc, Chardonnay, Pinot Noir, Riesling und Cabernet. **Bier** wird in Neuseeland gerne und in großen Mengen getrunken. Boutique-Breweries sind kleine Brauereien mit eigenen Pubs.

gilt der kleine, durchsichtige *Whitebait* (Sprotte), der an der West Coast in großen Schwärmen auftritt. Lachse (*Salmon*) und Riesenforellen wie *Rainbow trout* (Regenbogenforelle) und *Brown trout* (Braune Forelle) gibt es in Flüssen und Seen im Überfluss. Man angelt die Fische selbst und bekommt sie dann im Restaurant zubereitet. In Fischgeschäften werden sie nicht verkauft. In Restaurants serviert man Fische meist filetiert.

Die Teilnahme an einem **Hangi** ist ein Ausflug in die traditionelle Maoriküche. Dabei werden Fleisch, Huhn, Fisch, Gemüse und Kumara (Süßkartoffeln) in Blätter eingewickelt, mit feuchten Tüchern abgedeckt und in einem Erdofen gegart. Die besten Gelegenheiten zur Teilnahme bieten sich in *Rotorua* und *Wharakei*.

Restaurants

Speiselokale gibt es in allen Preisklassen, teils modern gestylt, teils ungemein behaglich. Meist ist eine Voranmeldung nötig. Im Allgemeinen wartet man, bis man zu einem Tisch geleitet wird, was bei großem Andrang durchaus länger dauern kann. Die Wartezeit überbrückt man mit einem Aperitif an der Bar.

Trinkgeld

Trinkgeld (*Tip*) für Kellner, Zimmermädchen oder Taxifahrer ist in den Preisen enthalten. Ob man guten Service darüber hinaus belohnt, liegt im eigenen Ermessen.

Feste und Feiern

Feiertage

Landesweite Feiertage sind: Neujahr (*New Year*), der Nationalfeiertag *Waitangi Day* am 6. Februar, Ostern von Karfreitag bis Ostermontag, *Anzac Day* am 25. April zur Erinnerung an alle Kriegsgefallenen, der Geburtstag der britischen Königin Elizabeth II. um den 8. Juni, *Labour Day*

Feste und Feiern

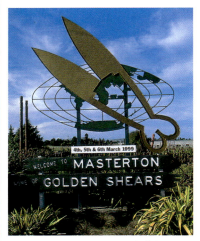

Begehrte Trophäe – Spitzen-Schafscherer treten in Masterton um die Goldenen Schere an

um den 26. Oktober und die beiden Weihnachtstage 25. und 26. Dezember (*Christmas Day* und *Boxing Day*). Jede Provinz Neuseelands begeht den Jahrestag ihrer Gründung innerhalb ihrer Grenzen als örtlichen Feiertag.

Feste

Januar

Auckland: Mehr als 1000 Jachten laufen zur *Auckland Regatta* im Waitemata Harbour aus (www.regatta.org.nz).

Nelson: Drachensteigen am Strand für Amateure und Profis beim *Kites Festival* (www.kites-rainbowflight.co.nz).

Februar

Blenheim/Marlborough: Um kulinarische Produkte der Region dreht sich alles beim *Marlborough Wine & Food Festival* (www.wine-marlborough-festival.co.nz).

Christchurch: Das *Garden City Festival of Flowers* verwandelt die Stadt in ein Blütenmeer und viele weitere Orte auf der Südinsel eifern ihr nach (www.festivalofflowers.co.nz) .

März

Masterton: Bei den *Golden Shears* wird u. a. der schnellste Schafscherer gekürt (www.goldenshears.co.nz).

Ngaruawahia: Maori begehen die *Ngaruawahia Waka Regatta* mit Kanurennen auf dem Waikato River.

Central Otago: Die *Otago Goldfields Cavalcade* erinnert mit einem historischen Überland-Wagenzug an die Goldrush-Tage im 18. Jh. (www.cavalcade.co.nz).

April

Auckland: Während der *Royal Easter Shows*, der größten Pferdeshow des Landes, werden auch Preise für Qualitätsprodukte im Bereich Kunst, Handwerk und Weinerzeugung verliehen (www.royaleastershow.co.nz).

Manawatu: Das *Spinning, Weaving & Woolcraft Festival* verrät alles über Wolle, ihre Verarbeitung und aktuelle Mode.

Mai

Rotorua: *Lion Foundation Fletcher Challenge Marathon rund* um den See, auch 5 km und 10 km Läufe sind möglich (www.rotoruamarathon.co.nz).

Juni

Bay of Islands: Das *Yellowtail Tournament* ist ein Fest für Sportfischer (www.sportfishing.co.nz).

Hamilton: Sehr beliebt ist die jährliche Agrarschau der *New Zealand National Fieldays* (www.fieldays.co.nz).

Juli

Mount Ruapehu: Um den *FIS Skiing Continental Cup* geht es während der hiesigen Meisterschaften im alpinen Skilauf.

August

Auckland: Fans des Autorennsports fiebern mit bei der *Rally of New Zealand*, Teil der Asia Pacific Rally Meisterschaft (www.rallynz.org.nz).

Christchurch: Fantasie und Ausgelassenheit herrschen beim *Montana Christchurch Winter Carnival* in der Region.

September

Hastings: *Blossom Festival* mit Frühlingsfest und Blumenparade (www.blossomfestival.co.nz).

Oktober

Kaikoura: *Pacific Kaikoura Seafestival* geht um Fische, Meeresfrüchte und Weine.

Rotorua: Das *New Zealand Trout Festival* eröffnet mit Anglerwettbewerben die Forellensaison (www.troutnz.co.nz).

November

New Plymouth: Das *Taranaki Rhododendren and Garden Festival* verleiht der Freude an der prächtig blühenden Grünpflanze Ausdruck (www.rhodo.co.nz).

Dezember

Coromandel Peninsula: Kunstausstellungen und Konzerte, Schatzsuche und Märchenerzählen zum *Pohutukawa Festival* (www.pohutukawafestival.co.nz

■ Klima und Reisezeit

Tiefdruckgebiete bringen oft beiden neuseeländischen Inseln extreme Winde und schwere Regenfälle. Im Allgemeinen sind aber die klimatischen Verhältnisse der *Nordinsel* ausgeglichener, die **Niederschläge** verteilen sich gleichmäßiger als auf der *Südinsel*. Dort sind im Gegensatz zum trockeneren Osten die West Coast und die Westabhänge der Southern Alps deutlich benachteiligt, denn hier regnen die Wolken ab, die sich über der Tasman Sea bilden. Bei mittleren jährlichen Niederschlagsmengen von 2850 mm im Bereich von Hokitika bis 6380 mm in der Gegend des Milford Sound sind manche Wanderung und mancher Ausflug nur mit guter Regenkleidung durchzuführen.

Klimadaten Auckland

Monat	Luft (°C) min./max.	Wasser (°C)	Sonnen- std./Tag	Regen- tage
Januar	16/24	20	8	8
Februar	17/24	20	7	6
März	16/23	20	6	8
April	13/20	19	5	10
Mai	11/18	18	5	12
Juni	9/15	17	4	14
Juli	8/15	15	5	14
August	9/15	14	5	13
September	10/16	13	5	13
Oktober	11/18	15	6	11
November	13/20	17	7	9
Dezember	15/22	19	8	9

Klimadaten Christchurch

Monat	Luft (°C) min./max.	Wasser (°C)	Sonnen- std./Tag	Regen- tage
Januar	12/22	16	8	6
Februar	12/22	16	7	6
März	11/20	16	6	6
April	8/18	14	6	6
Mai	5/14	13	5	8
Juni	2/12	12	4	8
Juli	2/11	11	4	9
August	3/12	11	5	8
September	5/15	11	6	6
Oktober	7/17	13	7	8
November	9/19	13	7	6
Dezember	11/21	16	7	7

Die neuseeländischen **Jahreszeiten** sind den europäischen entgegengesetzt. Im **Frühling** (Sept., Okt., Nov.) blühen Blumen und Bäume üppig in den Parks und Gärten. Es ist eine gute Jahreszeit für Stadtbesuche und Wanderungen. Der **Sommer** (Dez., Jan., Febr.) ist am wärmsten und sonnigsten. Im nördlichen Teil der Nordinsel steigt das Thermometer regelmäßig auf über 22 °C. Am kühlsten bleibt mit durchschnittlich 19 °C der Westen und Süden der Südinsel. Der Sommer ist auch die Hauptreisezeit der ›Kiwis‹. Viele Hotels sind dann ausgebucht, zahlreiche Strände und Routen überfüllt. Im **Herbst** (März, April, Mai) färben sich die Bäume, die Temperaturen beginnen langsam wieder zu sinken und im Mai nimmt auch die Zahl der Regentage wieder zu. März und April eignen sich jedoch noch gut für Rundreisen und Wanderungen. Im **Winter** (Juni, Juli, Aug.) schneit es im Hochgebirge, und die Temperaturen können nachts auf der Süd- und südlichen Nordinsel bis zur Frostgrenze absinken. Die Tagestemperaturen sind jedoch angenehm mild. In den neuseeländischen Alpen ist von Juli bis August Skisaison. Winterbeginn ist der 21. Juni.

■ Kultur live

Über aktuelle Veranstaltungen informiert die jedes Jahr neu aufgelegte Broschüre *New Zealand Events Calendar*, die die meisten Visitor Information Centres bereithalten.

Februar

Napier: Mit dem *Art-Déco-Festival* feiert die Stadt ihr ›neues‹ architektonisches Gesicht (www.artdeconapier.com).

Ngaruawahia: Beim *Aotearoa Traditional Maori Performing Arts Festival* tanzen und musizieren die besten Maorigruppen.

März

Wellington: Das vielfältige, alle zwei Jahre (2010, 2012 usw.) stattfindende *New Zealand International Festival of the Arts* ist das größte Ereignis im Kunstkalender des Landes (www.nzfestival.nzpost.co.nz).

September

Nelson: Innovative Modeschöpfer und Designer stellen beim *New Zealand Wearable Art Awards* (WOW) ihre ausgefallensten Kreationen vor (www.worldofwearableart.com).

Nachtleben

Wellington und vor allem Auckland verfügen über eine lebendige Clubszene, die bezüglich der Abend- und Nachtgestaltung kaum Wünsche offen lässt. In **Wellington** trifft man sich rund um den *Courtenay Place*, in **Auckland** liegen die angesagtesten Bars und Diskotheken entlang der *Queen* und der *Quay Street*.
In **Christchurch** geht man zum Tanzen und Feiern bevorzugt in die Clubs in der *Colombo Street*, **Nelson** lockt mit vielen Pubs und Musikkneipen zwischen *Trafalgar* und *Bridge Street*.

Nationalparks

14 **National Parks** und fünf **Maritime Parks** kann Neuseeland aufweisen, fünf davon wurden von der UNESCO zum World Heritage, zum Erbe der Menschheit ernannt. Überdies gibt es 19 *Forest Parks*, die sich zumeist gut für Wanderungen eignen. Die Parks werden vom **Department of Conservation** (**DOC**) verwaltet [s. *Praktische Hinweise*].

Sport

Neuseeländer fühlen sich als die **Freizeitnation** der Welt. ›Kiwis‹ treiben mit Leidenschaft jeden Wassersport, Trekking gehört zu den Selbstverständlichkeiten, **Rugby** ist fast ein Glaubensbekenntnis – vor allem bei der Nationalmannschaft *All Blacks* – und im Erfinden immer abenteuerlicherer Sportarten sind sie Weltmeister. **Bungee Jumping** z. B. wurde in Queenstown erdacht und beim **Zorbing** rollen Menschen in aufblasbaren Kugeln Berghänge, etwa bei Rotorua, hinab. Auf den Flüssen bei Queenstown und Rotorua wird **White Water Sledging** mit Gummireifen betrieben.

Angeln

Forellen kann man das ganze Jahr über angeln: Okt.–April in den Seen (z. B. Lake Rotorua, Lake Taupo, Lake Kanaka oder Lake Tarawera), Mai–Okt. im Tongariro River und seinen Nebenflüssen. Jan.–März sind die besten Monate, um in den zur Ostküste verlaufenden Flüssen der Südinsel (Rakaia, Rangitata, Waimakariri) **Lachse** zu fangen. Eine für ganz Neuseeland gültige **Angelerlaubnis** bekommt man in Sportgeschäften.

Baden

Neuseelands wundervolle Strände tragen **Farben**: weiß ist der Sand im suptropischen Norden, rosarot schimmert er auf der Coromandel Peninsula, goldfarben am südlichen Saum der Cook Strait und schwarz an der Westküste. Die **Wassertemperaturen** liegen im Südsommer zwischen 18 und 20 °C.

Beliebte **Strände** der Nordinsel sind der oft weithin einsame *Ninety Mile Beach* an der Nordwestspitze und die Strände an der Ostküste der Coromandel Peninsula, in der Umgebung von Auckland und Wellington sowie bei Havelock North. Unter den Badeplätzen der Südinsel ragen die Nordstrände an der *Tasman Bay* und *Golden Bay*, an der Ostküste bei Christchurch und Dunedin heraus.

Vielbesuchte Strände werden von **Lifeguards**, Rettungsschwimmern, überwacht. Bei Neuseelands langer Küstenlinie gibt es jedoch viele einsame Strände, an denen man auf sich allein gestellt ist. Eine Gefahr bedeuten **Unterwasserströmungen**, die vorwiegend an Küstenabschnitten auftreten, die völlig offen zum Meer liegen. **Haie** gibt es zweifelsohne an Neuseelands Küsten, auch wenn in den letzten Jahren keine Angriffe auf Badende bekannt wurden. Über einsame, unbewachte Strände ziehe man dennoch vorher Erkundigungen ein.

Golf

Grünsamtene Wiesen und über 400 Golfplätze warten in der Hochsaison Mai–Okt. auf Golfer. Die originellsten Plätze befinden sich im vulkanischen Umland von Rotorua, wo blubbernde Schlammquellen und heiße Tümpel die Greens auflockern. In den meisten Clubs sind Besucher willkommen.

Hochseefischen

Big Game Enthusiasten reisen Jan.–Mai an die Nordostküste von North Island. Die wichtigsten Fanggründe sind Bay of Islands, Tutukaka, Whangaroa, Whitianga, Mayor Island und Whakatane. Voll ausgerüstete Boote mit Skipper kann man, meist gruppenweise, mieten. Noch immer ist der **Black Marlin** die beliebteste Trophäe, gefolgt von riesigen **Schwertfischen** und **Haien**.

Jetboat

Die Flüsse bei Queenstown und Christchurch bieten reichlich Gelegenheit zu rasanten Touren. Auf dem Rangitikei River der Nordinsel geht die Fahrt durch Schluchten und über einen Wasserfall.

Kajak

Kajaktouren auf den klaren Seen, in den Marlborough Sounds, im Abel Tasman National Park oder im Milford und Doubtful Sound des Fiordland gehören zu den ganz großen Erlebnissen einer Neuseelandreise. Für Flussfahrten eignet sich gut der Whanganui River.

Segeln

Saison ist Nov.–Mai. In vielen Hafenorten kann man Segelboote mieten, ohne Vorbestellung jedoch meist nur mit Skipper. Jachten mit Besatzung muss man bei Veranstaltern buchen. Die schönsten Segelreviere sind Bay of Islands, Hauraki Gulf und Marlborough Sounds.

Landsegeln (Blokart) ist auf einer eigens angelegten Piste in Papamoa möglich.

Rafting

Die besten Wildwasserrouten bieten Shotover River bei Queenstown und Wairoa River bei Tauranga.

Reiten

Neuseeland ist ein Reiterland, fast überall kann man Pferde mieten. Geführte Ausritte mit kleinen Gruppen sind z. B. von Wanaka und Queenstown aus in die Berge der Südinsel möglich.

Surfen

Gute Surfreviere sind Mangawai im Northland, die Mission Bay bei Auckland und Taranaki an der Westküste der Nordinsel mit meterhohen Wellen.

Tauchen

Die langen Küsten und das klare Wasser um Neuseeland locken Taucher aus aller Welt. Berühmt für ihre Tauchreviere sind Poor Knights Islands, Bay of Islands, Marlborough Sounds, Fiordland und Stewart Island.

Trekking

Für ausdauernde Tourengänger, erfahrene Wanderer und Bergsteiger mit guter Kondition bietet Neuseeland wunderbare Möglichkeiten. Das Department of Conservation (DOC) mit Dienststellen in allen wichtigen Ausgangsorten (s. *Praktische Hinweise*) verwaltet die **Wandergebiete** und gibt über die Hüttenbelegung und eventuelle Gefahren Auskunft. Stets sollten Trekker bei ihren Unternehmungen **Wetterstürze** im alpinen Gelände einkalkulieren. Sanfte Bäche können in Windeseile zu tosenden Wildbächen werden, Lawinen und Murenabgänge Wege verlegen und Brücken wegreißen.

Die Wanderwege sind klassifiziert: Als **Walks** (mit W ausgeschildert) werden meist kurze Wanderwege im Umkreis der Städte bezeichnet. **Walkways** sind längere Routen auf guten Wegen, die man zu mehrtägigen Touren miteinander verknüpfen kann. **Tramping Tracks** führen zumeist in stille, einsame Wandergebiete. Geschlafen wird in Hütten oder im Zelt. Bergerfahrung, beste Ausrüstung, Ausdauer und Unempfindlichkeit gegen Wind und Wetter sind notwendig. Unter der Bezeichnung **Great Walks** sind die berühmtesten Wanderwege Neuseelands zusammengefasst. Sie alle dauern mehrere Tage, man übernachtet in Hütten. Erforderliche kostenpflichtige Great Walk *Hüttenpässe* gibt es bei DOC-Büros. Für Milford Track, Routeburn Track und Tuatapere Hump Ridge Track muss man sich lange im Voraus unter greatwalks booking@doc.govt.nz anmelden.

Wintersport

Juli–Sept. kann man auf der Nordinsel in schneesicheren Gebieten um den Vulkan Mount Ruapehu, auf der Südinsel in den Bergen bei Queenstown und Wanaka Ski fahren. Dort bringen Helikopter Gäste zu traumhaften Pulverschneehängen, mit Kleinflugzeugen gelangt man in die Gletscherregion des Mount Cook und auf den Tasman Glacier.

▇ Statistik

Lage: Neuseeland, New Zealand, mit einer Fläche von 270 500 km^2 erstreckt sich 1770 km weit vom 35. bis zum 47. Grad südlicher Breite. Das Kerngebiet des Staates – ohne die neuseeländisch polynesischen Inselgruppen und die Ross Dependency in der Antarktis – besteht aus der 114 729 km^2 großen Nordinsel, der 152 356 km^2 großen Südinsel und der mit 1746 km^2 kleinen Stewart Insel. Ein Drittel der Fläche steht unter Landschaftsschutz.

Die stark vulkanisch geprägte Northern Island mit tätigen Vulkanen auf White Island und im Tongariro National Park unterscheidet sich deutlich vom Landschaftsbild der Southern Island, das durch die hohen Berge der vergletscherten Südalpen geprägt wird, die im Mount Cook 3764 m hoch ansteigen.

Bevölkerung: Knapp 4,1 Mio. Neuseeländer leben auf den Inseln, 74 % auf der Nordinsel, 26 % auf der Südinsel. Die meisten von ihnen sind in den städtischen Großräumen von Auckland, Wellington, Christchurch und Hamilton zuhause. Die Zusammensetzung der Bevölkerung ist sehr unterschiedlich: Während sich Auckland als ›größte polynesische Stadt‹ bezeichnet, weil lediglich 63 % der Aucklander europäische Wurzeln haben und 37 % Maori oder Einwanderer aus dem pazifischen und asiatischen Raum sind, sind in Wellington 81 % der Bewohner europäischer Herkunft, 12 % Maori, im übrigen Pacific Islander und Asiaten.

Amtssprachen sind Englisch und Maori. 81 % der Bevölkerung bekennen sich zum Christentum (Anglikaner, Presbyterianer, Katholiken). Mit durchschnittlich 14 Einwohnern pro km^2 ist das Land, vor allem die Südinsel, mit Ausnahme des Bezirks Canterbury, sehr dünn besiedelt.

Verwaltung: Das in 16 Regionen und drei Außengebiete eingeteilte Land ist eine parlamentarische Demokratie und gleichzeitig eine konstitutionelle Monarchie innerhalb des Commonwealth of Nations. Formelles Staatsoberhaupt ist die britische Königin, vertreten durch einen Generalgouverneur.

Wirtschaft: Ursprünglich ein reiner Agrarstaat, begann Neuseeland nach dem Zweiten Weltkrieg mit einer weitgehenden Industrialisierung. Protektionismus, großzügige Subventionen und ein allgegenwärtiger Staat führten das einstige Wohlfahrtsland an den Rand des Bankrotts. Seit Mitte der 1980er-Jahre erfolgte eine Reformpolitik mit starker Liberalisierung im Rahmen der Wirtschaftspolitik, des Außenhandels, der Finanzpolitik und auf dem Bankensektor. Durch Einführung der Mehrwertsteuer, Kommerzialisierung öffentlicher Dienste, Privatisierung staatlicher Beteiligungen, durch Deregulierungen auf dem Arbeitsmarkt und eine streng kontrollierte Budgetpolitik gelang eine gewisse Konsolidierung der Staatsfinanzen, die jedoch sehr rezessionsanfällig sind. Die Arbeitslosenquote beträgt weniger als 6 %. 48 % der Exporteinnahmen werden noch immer aus dem Verkauf von Fleisch-, Milch- und Fischereiprodukten, Früchten und Wolle erzielt, 41 % durch Industriewaren. Dem Tourismus kommt eine zunehmend wichtige Rolle in der Wirtschaft Neuseelands zu.

Unterkunft

Eine vielfältige Hotellerie lässt in großen Städten und den wichtigsten Touristengebieten keine Wünsche offen.

Backpacker Lodges

Mit dem Rucksack kommt man gut durch ganz Neuseeland. Vor allem junge Reisende stellen sich darauf ein. **Budget Backpacker Hostels** nennt in seiner Liste 290 preiswerte Hostels. Anfragen über www.backpack.co.nz.

Bed & Breakfast

Homestay in Privathäusern und Farmstay, eine Art Urlaub auf dem Bauernhof, bringen Besucher am direktesten in Kontakt mit neuseeländischer Lebensart, Gemütlichkeit und Gastfreundschaft. So manches alte viktorianische Haus ist zwecks Zimmervermietung hübsch und komfortabel umgebaut worden.

Camping Grounds

Neuseeland überzieht ein dichtes Netz von Campingplätzen, die oft als *Holiday Parks* mit Tourist Cabins ausgewiesen werden. Wer mit dem **Campmobil** unterwegs ist, findet auch an abgelegenen Plätzen gute Einrichtungen vor.

Hotels

Die in diesem Reiseführer klassifizierten Unterkünfte verfügen über Restaurants und Schanklizenz. Sie entsprechen der neuseeländischen Einteilung, von der teuersten Kategorie A oder **** bis zur preisgünstigsten D oder *. Häuser internationaler Ketten gibt es in Auckland, Wellington, Rotorua und Christchurch. Sie bieten hohen Standard und verlangen entsprechende Preise. Einige **Lodges** in besonders schönen Gegenden stehen den teuren Hotels weder an Luxus noch in der Höhe der Preise nach. In ländliche

Gegenden spielen **Country Hotels** mit oft nur wenigen Zimmern über Gaststätten und Pubs eine Rolle.

Motels

Im ganzen Land, auch in den Städten und keineswegs nur an Überlandstraßen, findet man gute, saubere Motels, die **Units**, Einheiten für Familien, anbieten und für Selbstversorger eingerichtet sind. In Touristenorten empfehlen sich für längere Aufenthalte Units mit gut ausgestatteten Küchen.

Motor Inns

Angenehm und günstig wohnt man meist in Mittelklasse-Hotels der oberen Preiskategorie, den Motor Inns bzw. Motor Lodges. Sie sind in der Regel gut eingerichtet und teils in Marketing Groups wie Budget, Flag, Southern Pacific oder Quality Hotels zusammengeschlossen.

■ Verkehrsmittel im Land

Bahn

Auf beiden Inseln betreibt die privatisierte neuseeländische Eisenbahn Nord-Süd-Verbindungen. Die Züge befahren folgende Strecken: *Overlander* (Auckland–Wellington), *Northerner* (Auckland–Wellington als Nachtzug) und *Tranz Coastal* (Picton–Christchurch). Stichstrecken befahren die Züge *Tranz Alpine* (Christchurch–Greymouth), *Geysirland Connection* (Auckland–Rotorua) und *Capilat Connection* (Palmerston North–Wellington). Informationen vor Ort unter Tel. 04/495 07 75, Fax 04/472 89 03.

Bus

Die preiswerteste Reisemöglichkeit bieten die Überlandbusse der Gesellschaften *Inter City*, *Newmans*, *Johnston's* sowie innerhalb der Inseln *Mount Cook Line*. Verschiedene Busunternehmer bieten Pauschalreisen über die Nord- und Südinsel an. An den Zielpunkten ist für Unterkunft und Verpflegung gesorgt. Es werden vielerlei Ermäßigungen und Travel Passes angeboten. Auskünfte erteilt: Inter City, Tel. 09/913 61 00.

Flugzeug

Air New Zealand, Qantas New Zealand und Origin Pacific verbinden die wichtigsten neuseeländischen Städte miteinander. Air Chathams fliegt von Wellington

Das Grand Chateau Tongariro ist die große alte Dame der neuseeländischen Hotels

und Napier zu den Chatham Islands. Auf der Südinsel werden zudem viele Gletscher- und Helikopterflüge angeboten.

Flugplätze auf der Nordinsel: Hamilton, Rotorua, Napier, Hastings und Palmerstor North, auf der Südinsel Nelson, Christchurch, Mount Cook, Queenstown, Westport, Dunedin und Invercargill.

Mietwagen

Überall im Land kann man Autos oder Geländewagen, Wohnmobile oder Motorräder mieten, wenn man mindestens 21 Jahre alt ist und einen nationalen Führerschein vorweist. **ADAC-Mitglieder** können bei den Geschäftsstellen oder über Tel. 018 05/31 81 81 (0,14 €/Min.) Autos zu günstigen Konditionen mieten. Setzt man zwischen Nord- und Südinsel mit der Fähre über, darf man Mietwagen nach Vereinbarung am Abfahrtshafen zurückgeben und erhält nach Ankunft auf der anderen Insel ein neues Fahrzeug.

Umfangreiches **Informations-** und **Kartenmaterial** können ADAC-Mitglieder in Deutschland kostenlos unter Tel. 018 05/10 11 12 (0,14 €/Min.) anfordern, www.adac.de/karten.

Schiff

Zwischen Wellington auf der Nord- (Waterloo Quay) und Picton/Marlborough Sounds auf der Südinsel verkehren mehrmals täglich **Auto-** und **Eisenbahnfähren** der Fährlinien **Interislander** (www.interislander.co.nz) und **Bluebridge** (www.bluebridge.co.nz). Wenn es das Wetter erlaubt, fährt auch der schnellere Katamaran Lynx (Interislander). Der **Foveaux Express** (www.foveauxexpress.co.nz) verbindet Bluff an der Südspitze von South Island mit Oban auf Stewart Island.

Sprachführer
Englisch für die Reise

■ Das Wichtigste in Kürze

Ja/Nein	Yes/No
Bitte/Danke	Please/Thank you
In Ordnung./Einverstanden.	All right./Agreed.
Entschuldigung!	Excuse me!
Wie bitte?	Pardon?
Ich verstehe Sie nicht.	I don't understand you.
Ich spreche nur wenig Englisch.	I only speak a little English.
Können Sie mir bitte helfen?	Can you help me, please?
Das gefällt mir/ Das gefällt mir nicht.	I like that/ I don't like that.
Ich möchte ...	I would like ...
Haben Sie ...?	Do you have ...?
Gibt es ...?	Is there ...?
Wie viel kostet das?/ Wie teuer ist ...?	How much is that?
Kann ich mit Kreditkarte bezahlen?	Can I pay by credit card?
Wie viel Uhr ist es?	What time is it?
Guten Morgen!	Good morning!
Guten Tag!	Good morning!/ Good afternoon!
Guten Abend!	Good evening!
Gute Nacht!	Good night!
Hallo! Grüß Dich!	Hello! Gidday!
Wie ist Ihr Name, bitte?	What's your name, please?
Mein Name ist ...	My name is ...
Ich bin aus Deutschland.	I come from Germany.
Wie geht es Ihnen?	How are you?
Auf Wiedersehen!	Good bye!
Tschüs!	See you!
gestern/heute/ morgen	yesterday/today/ tomorrow
am Vormittag/ am Nachmittag	in the morning/ in the afternoon
am Abend/ in der Nacht	in the evening/ at night
Wie spät ist es?	What time is it?
um 1 Uhr/ 2 Uhr ...	at one o'clock/ at two o'clock ...
um Viertel vor (nach) ...	at a quarter to (past) ..
um ... Uhr 30	at ... thirty
Minuten/Stunden	minutes/hours
Tage/Wochen	days/weeks
Monate/Jahre	months/years

■ Wochentage

Montag	Monday
Dienstag	Tuesday
Mittwoch	Wednesday
Donnerstag	Thursday
Freitag	Friday
Samstag	Saturday
Sonntag	Sunday

■ Zahlen

0	zero	20	twenty
1	one	21	twenty-one
2	two	22	twenty-two
3	three	30	thirty
4	four	40	forty
5	five	50	fifty
6	six	60	sixty
7	seven	70	seventy
8	eight	80	eighty
9	nine	90	ninety
10	ten	100	a (one) hundred
11	eleven		
12	twelve	200	two hundred
13	thirteen	1 000	a (one) thousand
14	fourteen		
15	fifteen	2 000	two thousand
16	sixteen	10 000	ten thousand
17	seventeen	1 000 000	a million
18	eighteen	½	a (one) half
19	nineteen	¼	a (one) quarter

■ Monate

Januar	January
Februar	February
März	March
April	April
Mai	May
Juni	June
Juli	July
August	August
September	September
Oktober	October
November	November
Dezember	December

■ Maße

Kilometer	kilometre
Meter	metre
Zentimeter	centimetre
Kilogramm	kilogramme
Pfund	pound
Gramm	gramme
Liter	litre

Unterwegs

Nord/Süd/West/Ost	north/south/west/east
geöffnet/geschlossen	open/closed
geradeaus/links/rechts/zurück	straight on/left/right/back
nah/weit	near/far
Wie weit ist es?	How far is it?
Wo sind die Toiletten?	Where are the toilets?
Wo ist die (der) nächste ... Telefonzelle/Bank/Post/Polizeistation/Geldautomat?	Where is the nearest ... telephone-box/bank/post office/police station/automatic teller?
Wo ist ... der Hauptbahnhof/der Flughafen?	Where is the ... main train station/airport, please?
Wo finde ich ein(e, en)? Apotheke/Bäckerei/Fotoartikel/Kaufhaus/Lebensmittelgeschäft/Markt?	Where can I find a ... pharmacy/bakery/photo shop/department store/food store/market?
Ist das der Weg/die Straße nach ...?	Is this the way/the road to ...?
Gibt es einen anderen Weg?	Is there another way?
Ich möchte mit ... dem (der) Zug/Schiff/Fähre/Flugzeug nach ... fahren.	I would like to go to ... by ... train/ship/ferry/airplane.
Gilt dieser Preis für Hin- und Rückfahrt?	Is this the round trip fare?
Wie lange gilt das Ticket?	How long will the ticket be valid?
Wo ist ... das Tourismusbüro/ein Reisebüro?	Where is ... the tourist office/a travel agency?
Ich benötige eine Hotelunterkunft.	I need hotel accommodation.
Wo kann ich mein Gepäck lassen?	Where can I leave my luggage?

Zoll, Polizei

Ich habe etwas/nichts zu verzollen.	I have something/nothing to declare.
Nur persönliche Dinge.	Only personal belongings.
Hier ist mein(e) ... Geld/Pass/Personalausweis/Kfz-Schein/Versicherungskarte.	Here is my ... money/passport/ID card/certificate of registration/car insurance card.
Ich fahre nach ... und bleibe ... Tage/Wochen.	I'm going to ... to stay there for ... days/weeks.
Ich möchte eine Anzeige erstatten.	I would like to report an incident.
Man hat mein(e, en)... Geld/Tasche/Papiere/Schlüssel/Fotoapparat/Koffer/Fahrrad gestohlen.	They stole my ... money/bag/papers/keys/camera/suitcase/bicycle.
Verständigen Sie bitte das/die Deutsche Konsulat/Botschaft.	Please contact the German consulate/embassy.

Freizeit

Ich möchte ein ... Fahrrad/Motorrad/Surfbrett/Mountainbike/Boot/Pferd ... mieten.	I would like to rent a ... bicycle/motorcycle/surf board/mountain bike/boat/horse.
Gibt es ein(en) Freizeitpark/Freibad/Golfplatz/Strand ... in der Nähe?	Is there a ... theme park/outdoor swimming pool/golf course/beach ... in the area?
Wann hat ... geöffnet?	What are the opening hours of ...?

Bank, Post, Telefon

Ich möchte Geld wechseln.	I would like to change money.
Brauchen Sie meinen Ausweis?	Do you need my passport?
Ich möchte eine Telefonverbindung nach ...	I would like to have a telephone connection with ...
Wie lautet die Vorwahl für ...?	What is the area code for ...?
Wo gibt es ... Telefonkarten/Briefmarken?	Where can I get ... phone cards/stamps?

Wichtige Begriffe in Maori

Willkommen!	Haere mai!
Hallo!	Kia ora!
Berg	Maunga
Fisch	Ika
Fluss/Tal	Awa
groß	Nui
Haus	Whare
Hügel	Puke
Insel	Motu
klein	Iti
See	Roto/Moana
Wasser	Wai

■ Tankstelle

Wo ist die nächste Tankstelle?	Where is the nearest petrol station?
Ich möchte ... Liter ... Super/Diesel/bleifrei.	I would like ... litres of star/diesel/unleaded.
Volltanken, bitte.	Fill it up, please.
Bitte, prüfen Sie ... den Reifendruck/ den Ölstand/ den Wasserstand/ das Wasser für die Scheibenwischanlage/ die Batterie.	Please check the ... tire pressure/ oil level/ water level/ water in the windscreen wiper system/ battery.
Würden Sie bitte ... den Ölwechsel/ den Radwechsel vornehmen/ die Sicherung austauschen/ die Zündkerzen erneuern/ die Zündung nachstellen?	Would you please ... change the oil/ change the tires/ change the fuse/ replace the spark plugs/ adjust the ignition?

■ Panne

Ich habe eine Panne.	My car's broken down.
Der Motor startet nicht.	The engine won't start.
Ich habe die Schlüssel im Wagen gelassen.	I left the keys in the car.
Ich habe kein Benzin/Diesel.	I've run out of petrol/diesel.
Gibt es hier in der Nähe eine Werkstatt?	Is there a garage nearby?
Können Sie mein Auto abschleppen?	Could you tow my car?
Können Sie mir einen Abschleppwagen schicken?	Could you send a tow truck?
Können Sie den Wagen reparieren?	Could you repair my car?
Bis wann?	By when?

■ Mietwagen

Ich möchte ein Auto mieten.	I would like to rent a car.
Was kostet die Miete ... pro Tag/ pro Woche/ mit unbegrenzter km-Zahl/ mit Kaskoversicherung/ mit Kaution?	How much is the rent ... per day/ per week/ including unlimited kilometres/ including comprehensive insurance/ with deposit?
Wo kann ich den Wagen zurückgeben?	Where can I return the car?

■ Unfall

Hilfe!	Help!
Achtung!/Vorsicht!	Attention!/Caution!
Dies ist ein Notfall, rufen Sie bitte ... einen Krankenwagen/ die Polizei/ die Feuerwehr.	This is an emergency, please call ... an ambulance/ the police/ the fire department.
Es war (nicht) meine Schuld.	It was (not) my fault.
Geben Sie mir bitte Ihren Namen und Ihre Adresse.	Please give me your name and address.
Ich brauche die Angaben zu Ihrer Autoversicherung.	I need the details of your car insurance.

■ Krankheit

Können Sie mir einen guten Deutsch sprechenden Arzt/Zahnarzt empfehlen?	Can you recommend a good German-speaking doctor/dentist?
Ich brauche ein Mittel gegen ... Durchfall/ Halsschmerzen/ Fieber/ Insektenstiche/ Verstopfung/ Zahnschmerzen.	I need medication for ... diarrhea/ a sore throat/ fever/ insect bites/ constipation/ toothache.

■ Hotel

Können Sie mir bitte ein Hotel/eine Pension empfehlen?	Could you please recommend a hotel/Bed & Breakfast?
Ich habe bei Ihnen ein Zimmer reserviert.	I booked a room with you.
Haben Sie ein ... Einzel-/Doppelzimmer ... mit Dusche/ Bad/ WC? für eine Nacht/ für eine Woche?	Have you got a ... single/double room ... with shower/ bath/ bathroom? for a night/ for a week?
Was kostet das Zimmer mit Frühstück?	How much is the room with breakfast?
Wie lange gibt es Frühstück?	How long will breakfast be served?
Ich möchte um ... geweckt werden.	Please wake me up at ...

Wie ist hier die Stromspannung?	What is the power voltage here?
Ich reise heute abend/morgen früh ab.	I will depart tonight/tomorrow morning.
Akzeptieren Sie Kreditkarten?	Do you accept credit cards?

Restaurant

Wo gibt es ein gutes/günstiges Restaurant?	Where is a good/inexpensive restaurant?
Die Speisekarte/Getränkekarte, bitte.	The menu/the wine list, please.
Welches Gericht können Sie besonders empfehlen?	Which of the dishes can you recommend?
Ich möchte nur eine Kleinigkeit essen.	I only want a snack.
Gibt es vegetarische Gerichte?	Are there vegetarian dishes?
Haben Sie offenen Wein?	Do you serve wine by the glass?
Welche alkoholfreien Getränke haben Sie?	What kind of soft drinks do you have?
Haben Sie Mineralwasser mit/ohne Kohlensäure?	Do you have sparkling water/noncarbonated water?
Das Steak bitte ... englisch/medium/durchgebraten.	The steak ... rare/medium/well-done, please.
Darf man rauchen?	Is smoking allowed?
Die Rechnung, bitte.	The bill, please.

Essen und Trinken

Aal	eel
Abendessen	dinner
Ananas	pineapple
Auster	oyster
Barsch	perch
Baumtomaten	tamarillos
Beilagen	side orders
Bier	beer
Birnen	pears
Bratkartoffeln	fried potatoes
Brot/Brötchen	bread/rolls
Butter	butter
Ei	egg
Eier mit Speck	bacon and eggs
Eiscreme	ice-cream
Ente	duckling
Erbsen	peas
Erdbeeren	strawberries
Essig	vinegar
Fisch	fish
Fleisch	meat
Fleischsoße	gravy
Flunder	flounder
Frühstück	breakfast
Gans	goose
Garnele	prawn
Gebäck	pastries
Geflügel	poultry
Gemüse	vegetable
Gurke	cucumber
Hähnchen	chicken
Hammelfleisch	mutton
Honig	honey
Hummer	lobster
Jakobsmuscheln	scallops
Kabeljau	cod
Kaffee	coffee
Kalbfleisch	veal
Kartoffeln	potatoes
Käse	cheese
Kohl	cabbage
Kuchen	cake
Lachs	salmon
Lamm	lamb
Langusten	crayfish
Leber	liver
Maiskolben	corn-on-the-cob
Marmelade	jam/marmalade
Miesmuscheln	mussels
Mittagessen	lunch
Meeresfrüchte	seafood
Milch	milk
Mineralwasser	mineral water
Nieren	kidneys
Obst	fruit
Öl	oil
Petersfisch	John dory
Pfannkuchen	pancakes
Pfeffer	pepper
Pfirsiche	peaches
Pilze	mushrooms
Pommes frites	french fries
Reis	rice
Reh/Hirsch	venison
Rindfleisch	beef
Rühreier	scrambled eggs
Sahne	cream
Salat	salad
Salz	salt
Schaf (einjährig)	hogget
Schinken	ham
Schlagsahne	clotted cream
Scholle	plaice
Schweinefleisch	pork
Sekt	sparkling wine
Suppe	soup
Thunfisch	tuna
Tintenfisch	squid/octopus
Truthahn	turkey
Vanillesoße	custard
Vorspeisen	hors d'œuvres
Wein (Weiß/Rot/Rosé)	wine (white/red/rosé)
Würstchen	sausages
Zucker	sugar
Zwiebeln	onions

ADAC Reiseführer – die besten, die wir je gemacht haben.

144 bzw. 192 Seiten,
pro Band
6,50 E (D), 6,70 E (A),
12,- sFr.

Ägypten
Algarve
Allgäu
Amsterdam
Andalusien
Australien
Bali & Lombok
Baltikum
Barcelona
Berlin
Bodensee
Brandenburg
Brasilien
Bretagne
Budapest
Bulg. Schwarzmeerküste
Burgund
City Guide Deutschland
City Guide Germany
Costa Brava & Costa Daurada
Côte d'Azur
Dänemark
Dominikanische Republik
Dresden
Dubai, Vereinigte Arabische Emirate, Oman
Elsass
Emilia Romagna
Florenz
Florida
Franz. Atlantikküste
Fuerteventura
Gardasee
Golf von Neapel
Gran Canaria
Hamburg
Harz
Hongkong & Macau
Ibiza & Formentera
Irland
Israel
Istrien & Kvarner Golf
Italienische Adria
Italienische Riviera
Jamaika
Kalifornien
Kanada – Der Osten
Kanada – Der Westen
Karibik
Kenia
Korfu & Ionische Inseln
Kreta
Kuba
Kroatische Küste – Dalmatien
Kykladen
Lanzarote
Leipzig
London
Madeira
Mallorca
Malta
Marokko
Mauritius & Rodrigues
Mecklenburg-Vorpommern
Mexiko
München
Neuengland
Neuseeland
New York
Niederlande
Norwegen
Oberbayern
Österreich
Paris
Peloponnes
Piemont, Lombardei, Valle d'Aosta
Polen
Portugal
Prag
Provence
Rhodos
Rom
Rügen, Hiddensee, Stralsund
Salzburg
Sardinien
Schleswig-Holstein
Schottland
Schwarzwald
Schweden
Schweiz
Sizilien
Spanien
St. Petersburg
Südafrika
Südengland
Südtirol
Sylt
Teneriffa
Tessin
Thailand
Toskana
Türkei – Südküste
Türkei – Westküste
Tunesien
Umbrien
Ungarn
USA – Südstaaten
USA – Südwest
Usedom
Venedig
Venetien & Friaul
Wien
Zypern

Weitere Titel in Vorbereitung.

ADAC Reiseführer plus – Top-Reiseführer mit perfekten Urlaubskarten.

144 bzw. 192 Seiten,
pro Band
8,95 E (D), 9,20 E (A),
16,80 sFr.

Ägypten
Allgäu
Amsterdam
Andalusien
Baltikum
Barcelona
Berlin
Berlin (engl.)
Bodensee
Brandenburg
Budapest
Côte d'Azur
Dänemark
Deutschland – Die schönsten Autotouren
Dresden
Französische Atlantikküste
Fuerteventura
Gardasee
Golf von Neapel 5/2008
Hamburg
Harz
Irland
Istrien & Kvarner Golf
Italienische Adria
Italienische Riviera
Kanada – Der Westen 5/2008
Kanada – Der Osten 5/2008
Kenia 5/2008
Korfu/Ionische Inseln
Kreta
Kuba
Kroatische Küste – Dalmatien
Leipzig
London
Madeira 2/2008
Mallorca
Malta 2/2008
Mecklenburg-Vorpommern
München
New York
Norwegen
Oberbayern
Österreich
Paris
Polen
Portugal
Prag
Rhodos
Rom
Rügen, Hiddensee, Stralsund
Salzburg
Sardinien
Schleswig-Holstein
Schwarzwald
Schweden
Schweiz
Sizilien
St. Petersburg
Südtirol
Südengland 2/2008
Sylt
Teneriffa
Toskana
Tunesien 2/2008
Türkei – Südküste
Türkei – Westküste
Usedom
Venedig
Wien
Zypern 2/2008

Weitere Titel in Vorbereitung.

ADAC Reiseführer Audio – umfassende Information und einzigartiges Hörerlebnis.

144 bzw. 192 Seiten,
mit TourSet auf CD,
9,95 E (D), 10,25 E (A),
17,50 sFr.

Berlin 2/2008
Dresden 2/2008
Hamburg 2/2008
München 2/2008
Rom 2/2008
Wien 2/2008

Weitere Titel in Vorbereitung.

Register

A

Abel Tasman National Park 85, 89, 133
Abel Tasman National Park Coastal Track 89
Alpine Fault 77
America's Cup 15, 22
Aotearoa 6, 11, 42
Aranui Cave 70
Arapawa Island 85
Arrowtown 102, 104
Arthur's Pass National Park 96
Athfield, Jan 79
Aoraki/Mount Cook National Park 121–122
Auckland 7, 11, 13, 14, 15, 18–29, 30, 34, 43, 45, 53, 55, 63, 78, 79, 127, 128, 129, 130, 132, 134
  Acacia Cottage 26
  Albert Park 23
  America's Cup Village 22
  Antarctic Encounter 25
  Aotea Centre 23
  Auckland City Art Gallery 23
  Auckland Domain 24
  Auckland Museum 24
  Auckland University 23
  Auckland Zoo 24
  Britomart Transport Centre 22
  Civic Theatre 22
  Coast to coast walkway 26
  Cornwall Park 26
  Devonport 27
  Ewelme Cottage 25
  Ferry Building 22
  Harrah's Sky City 22
  Hobson Wharf 22
  Karangahape Road 23
  Karekare Beach 27
  Kelly Tarlton's Underwater World 25
  Kinder House 25
  Mount Eden 26
  Museum of Transport & Technology (MOTAT) 24
  New Zealand Maritime Museum 21
  One Tree Hill 26
  Parnell Road 24
  Parnell Village 24
  Piha Beach 27
  Pro-Cathedral Church of St. Mary's 24
  Queen Street 22
  Sky Tower 22
  St. Patrick's Cathedral 22
  Tamaki Drive 25
  The New Gallery 23
  Town Hall 23
  Vulcan Lane 22
  Whatipu Beach 27

B

Banks Peninsula 120
Bay of Islands 7, 13, 33, 35, 39, 40, 130, 132, 133
Bay of Plenty 7, 43, 48, 49
Blenheim 123, 129
Blue Lakes 121
Bluff 110, 111, 135
Bowen Falls 108
Boyd Massacre 39
Brown, William 20
Buller Gorge 93
Busby, James 38

C

Campbell, Sir John Logan 20, 26
Cape Brett 36
Cape Foulwind 93
Cape Foulwind Walkway 93
Cape Kidnappers 67
Cape Maria van Diemen 42
Cape Reinga 33, 41–42
Cardrona 101, 102
Cathedral Cove 46
Catlins Coast 110
Cavalli Islands 40
Central Otago 112, 130
Christchurch 8, 112, 114 116–121, 130, 132
Church of the Good Shepherd 121
Cobb Valley 90
Collingwood 91
Conservation Island 29
Cook Strait 6, 69, 77, 82, 85
Cook, James 10, 12, 30, 31, 40, 43, 45, 46, 52, 72, 81, 85
Cooks Beach 46
Cooper, Dame Whina 15
Coromandel 43, 44–45
Coromandel Peninsula 43
Coromandel Coastal Walkway 44
Coronet Peak 104

D

D'Urville Island 85, 87
Dolomite Point Track 94
Doubtful Sound 9, 105, 108, 109, 133
Dumont D'Urville, Jules Sébastian 86
Dunedin 8, 112–115, 132, 134, 135
Dusky Sound 105

E

East Cape 43, 50, 51–52
Eden, George, Earl of Auckland 20

F

Farewell Spit 85, 91
Fiordland National Park 9, 100, 101, 104, 105–107
Foveaux Strait 6, 101, 110, 111, 135
Fox Glacier 9, 93, 99
Fox Glacier Village 99
Franz Josef Glacier 9, 93, 99
Franz Josef Village 99
French Pass 86

G

George IV., König 13
George V., König 97
Gisborne 12, 43, 52–53
Glenorchy 104
Godley, John Robert 116, 118, 119
Golden Bay 89, 90, 91, 132
Goldie, Charles Frederick 23
Great Barrier Island 18, 29, 30–31
Great Barrier Island Track 31
Great Walks 9, 63, 66, 89, 104, 106, 133
Greenstone Caples Track 104
Grey, Sir George 33
Greymouth 95–96, 128

H

Haast 100
Haast, Julius 99
Hahei Beach 46
Haka 42
Halfmoon Bay (Stewart Island) 111
Hamilton 69–70, 127, 130, 134, 135
Hastings 55, 66–67, 130, 135
Hauraki Gulf 7, 18, 19, 22, 29–31, 43, 45, 133
Havelock 85, 86–87, 132
Hawaiki 10, 12, 41, 42, 49, 51
Hawke Bay 55, 65, 66, 67
Hay, Louis 65
Heaphy Track 91
Heaphy, Charles 23
Hillary, Edmund 15
Hobson, William 13, 20, 38
Hodgins, Frances 88, 113
Hokitika 96–97, 128, 131
Hollyford Track 106
Hone Heke 37
Hongi Hika 13, 37
Hooker Lake 121
Hot Water Beach 46
Huka Falls 62
Hulme, Keri 98
Hundertwasser, Friedensreich 36

I

Invercargill 109–110, 135

J

James Cook Observatorium 52

K

Kahurangi National Park 90
Kaikoura 112, 122, 130
Kaitaia 40–41
Kaiti Hill 52
Kauaeranga Valley 44
Kawakawa 36, 37
Kawau Island 33–34

Kea 98
Kendall, Thomas 13
Kenneth, Kathleen 118
Kepler Track 106
Kerikeri 37–38
Kiwi (Frucht) 48, 49
Kiwi (Vogel) 9, 48, 65, 102, 103, 111
Kowhai Coast 33
Kupe 12

L

Lake Brunner 95
Lake Ellesmere 120
Lake Manapouri 9, 105
Lake Matheson 100
Lake Pukaki 112, 121
Lake Rotomahana 55, 60
Lake Rotorua 55, 132
Lake Tarawera 59, 132
Lake Taupo 61, 62, 63, 69, 132
Lake Tekapo 112, 121
Lake Waikaremoana 66
Lake Waikaremoana Track 66
Lake Wakatipu 101
Lake Wanaka 101
Larnach Castle 115
Letheridge, Hannah King 37
Lindauer, Gottfried 23
Lyttelton Harbour 119

M

Mackenzie Country 112, 121
Mahurangi Peninsula 33
Manapouri 108–109
Manawatu 130
Mangapu 70
Mangawhai 34
Mansfield, Katherine 14
Maori 19, 21, 22, 23, 24, 30
Maori Land March 15
Maorikingitanga 14
Marlborough Sounds 8, 15, 85, 122, 128, 133, 135
Marsden, Samuel 13, 19
Massey, William Ferguson 82
Masterton 130
Matauri Bay 40
Maui 6, 42
McCahon, Colin 23
Medlands Beach 31
Mercep, Ivan 79
Mercury Bay 12, 45, 46
Milford Sound 9, 105, 106, 107–108, 133
Milford Track 106, 107, 133
Mission Bay 25
Mitre Peak 107
Moa-Jäger 12, 71, 112, 114, 122
Moeraki Boulders 116
Mokoia Island 56
Motuara Island 85
Motueka 89
Motutapere Island 40
Motutapu Island 29, 30
Mount Albert 19
Mount Aspiring 100
Mount Cook (Aoraki) 9, 98, 99, 100, 121–122, 135
Mount Eden 19, 26
Mount Fox 99
Mount Gisborne 50
Mount Hikurangi 52

Mount Maunganui 48
Mount Moehau 45
Mount Motutapu 30
Mount Ngauruhoe 60, 63
Mount Parahaki 34
Mount Ruapehu 63
Mount Taranaki 7, 14, 69, 71, 72–73
Mount Tarawera 59, 60
Mount Tasman 98, 99
Mount Tongariro 63
Muru, Selwyn 23

N

Napier 15, 55, 65–66, 131, 135
Nelson 13, 14, 85, 87–89, 135
Nelson Lakes National Park 89
New Plymouth 13, 69, 71–72, 130
New Zealand Company 13, 78
New Zealand Maori Arts & Crafts Institute 56
Ngaruawahia 69, 130, 131
Ngatokimatawhaorua 39
Ngongotaha 57
Ninety Mile Beach 7, 33, 40–41, 132
North Cape 42
Northland 33–42
Nugget Point 110

O

Oamaru 112, 115–116
Oban 111, 135
Okarito 98
Okarito Lagoon 93, 98
Oneroa 30
Opotiki 50–52
Otago 14, 101, 102, 112
Otago Peninsula 112, 115
Oturere Valley 63

P

Paihia 36
Pakiri 34
Palmerston North 75–77, 127, 135
Pancake Rocks 9, 93, 94
Paparoa National Park 9, 93, 94–95
Pearse, Richard 24
Picton 85–86, 135
Pipiriki 74
Pohutukawa Coast 43, 44
Pohutu Geyser 57
Poor Knights Islands 34, 35, 133
Popper, Sir Karl 118
Port Fitzroy 31
Potatau I., König 14
Poverty Bay 52, 53
Pupu Springs 90
Purakanui Falls 110

Q

Queen Charlotte Sound 85, 86
Queenstown 101, 102–105, 132, 133, 135

R

Rainbow Warrior 15, 40
Rakiura National Park 111
Rangitane 85
Rangitoto Island 18, 25, 27, 29

Rangitoto, Vulkan 19, 22, 29
Raukumara Forest Park 51
Razorback Point 93, 95
Recreation Islands 29
Red Island 40
Rees Dart Track 104
Ross 97
Rotorua 7, 55–59, 60, 61, 128, 130, 132, 135
Routeburn Track 104, 133
Ruakuri Cave 70
Ruapehu, Vulkan 15, 55
Rugby 75, 132
Russell 13, 36–37
Rutherford, Ernest 14, 88

S

Sandspit Wharf 33, 34
Scott, George Gilbert 118
Scott, Robert Falcon 25, 118
Shantytown 95
Southern Alps 8, 93, 96, 98, 131
Stewart Island 6, 9, 101, 111, 133, 135
Sutherland, Donald 107

T

Tahunanui Beach 88
Taiaroa Head 115
Tane Mahuta 40
Taranaki 14, 15, 72, 73
Taranaki National Park 72
Tasman Bay 85, 87, 89, 132
Tasman Glacier 121, 133
Tasman Lake 122
Tasman Sea 7, 9, 18, 27, 40, 42, 69, 71, 72, 73, 91, 93, 95, 98, 101, 105, 106, 108, 109, 131
Tasman, Abel Janszoon 10, 12, 72, 90
Taupo 7, 55, 60, 61–62
Tauranga 43, 48–49, 133, 135
Te Arikinui Dame Te Atairangi-kaahu, Königin 15
Te Ata-I-Rangikaahu, König 69
Te Heu Heu Tukino IV., Häuptling 14, 63
Te Kanawa, Dame Kiri 53
Te Mahuta Ngahere 40
Te Puke 48
Te Punga o te Waka a Maui 9
Te Rauparaha, Häuptling 76, 78, 87
Te Uruwera National Park 66
Te Wahipounamu (Westland NP, Mount Cook NP, Aspiring NP, Fiordland NP) 99
Te Wairoa 59–60
Te Whiti o Rongomai 14
Thames 43–44
Thomson, John T. 109
Three Kings Islands 42
Tirohanga Beach 50
Tongario Northern Circuit 63
Tongariro National Park 14, 15, 62–65, 134
Tongariro, Vulkan 14, 55
Tranz Alpine Express 96, 135
Treaty of Waitangi 13, 38, 81
Troup, George 114
Tuatara-Echsen 24, 102, 110
Tuheitia Paki, König 15
Turoa 64
Tutukaka Coast 35

142

Valley of the Tormented Earth 57
Vivian Bay 34

Waiheke Island 18, 29, 129
Waikato 14, 69, 70
Waikato River 69
Waimangu Volcanic Valley 60
Waiotahe Beach 50
Waiotapu 55, 60–61
Waipoua Kauri Forest 33, 40
Wairakei Geothermal Power Station 62
Wairau 8, 13, 122, 123
Waitakere Range 18, 27
Waitangi 33, 37
Waitangi National Reserve 38–39
Waitangi Roto Nature Reserve 98
Waitangi Tribunal 15
Waitomo Caves 69, 70–71
Wakefield, Arthur 87, 123
Wakefield, Edward Gibbon 13, 123
Wanaka 101–102
Wanganui 13, 69, 73–74, 133
Warkworth 33–34
Wellington 8, 13–15, 20, 29, 69, 76, 77–83, 127, 130, 131, 132, 134, 135
 Beehive 81
 Botanic Gardens 80
 Cable Car 80
 Cable Street 79
 Central Library 79
 City Art Gallery 79
 City-to-Sea Bridge 80
 Civic Centre 79, 80
 Clyde Quay Wharf 82
 Early Settlers Memorial Park 80
 Evans Bay 82
 Karaka Bay 82
 Katherine Mansfield Birthplace 82
 Kelburn Heights 80–81
 Lambton Harbour 79, 82
 Lambton Quay 80, 81
 Lyall Bay 82
 Marine Drive 82
 Massey Memorial 82
 Michael Fowler Centre 79
 Mount Crawford 82
 Mount Victoria 82
 Museum of Wellington City & Sea 80
 National Archives 81
 National Library 81, 82
 Old Government Buildings 81
 Old St. Paul's Church 82
 Parliament Area 81
 Parliament House 81
 Queens Wharf 80
 Te Papa Tongarewa Museum of New Zealand 15, 69, 79–80
 Thorndon 82
 Town Hall 79
 Wellington Cathedral 82
 Wharf Retail and Leisure Complex 80
 Worser Bay 82
West Coast 8, 93, 95, 96, 100, 128, 131
Westland National Park 9, 93, 98–100
Westport 93–94, 135
Whakapapa Ski Area 63
Whakarewarewa 55, 56
Whakatane 49–50, 133
Whanganui Bay 91
Whanganui Island 44
Whanganui National Park 69, 74
Whanganui River 73
Whangaparapara 30
Whangapoua Beach 31
Whangarei 34–35
Whangarei Heads 35
Whangaroa Harbour 33, 39–40
Whare Runanga 39
White Island 7, 50, 134
Whitianga 43, 45–47, 132–133
Whiting Cliff 81
Williams, Henry 13

Young Nick's Head 52

Impressum

Redaktionsleitung: Dr. Dagmar Walden
Lektorat und Bildredaktion: Elisabeth Schnurrer
Aktualisierung: Gerda Rob, Elisabeth Schnurrer
Karten: Mohrbach Kreative Kartographie, München
Herstellung: Martina Baur
Druck, Bindung: Druck, Bindung: Firmengruppe APPL, sellier druck, Freising

Printed in Germany

Ansprechpartner für den Anzeigenverkauf: Kommunalverlag, München

ISBN 978-3-89905-621-1

Gedruckt auf chlorfrei gebleichtem Papier

Neu bearbeitete Auflage 2008
© ADAC Verlag GmbH, München

Das Werk einschließlich aller seiner Teile ist urheberrechtlich geschützt. Jede Verwendung ohne Zustimmung des Verlags ist unzulässig und strafbar. Das gilt insbesondere für Vervielfältigungen, Übersetzungen, Mikroverfilmungen und die Verarbeitung in elektronischen Systemen. Die Daten und Fakten für dieses Werk wurden mit äußerster Sorgfalt recherchiert und geprüft. Wir weisen jedoch darauf hin, dass diese Angaben häufig Veränderungen unterworfen sind und inhaltliche Fehler oder Auslassungen nicht völlig auszuschließen sind. Für eventuelle Fehler können die Autoren, der Verlag und seine Mitarbeiter keinerlei Verpflichtung und Haftung übernehmen.

Bildnachweis

Umschlag-Vorderseite: Mitre Peak am Milford Sound im Fiordland National Park.
Foto: Bildagentur Huber, Garmisch-Partenkirchen

Titelseite
Oben: Reich geschnitztes Versammlungshaus Marae Runanga von Waitangi (von S. 39)
Mitte: Weide vor dem Vulkan Mount Taranaki nahe New Plymouth (von S. 71)
Unten: In der Brandung von Gisborne (von S. 53)

AKG Berlin: 12, 14 li. – IFA, München: 48 (Renz), 68 unten (Held), 74 (Siebig), 92 unten (Minke), 98 unten (Fritz Pölking), 102 (Wunsch), 116 (Rölle) – Ladislav Janicek, München: 6, 58 unten, 60, 88, 105 – Roland E. Jung, Bad Sassendorf: 84 oben und unten – laif, Köln: 16/17, 96 (C. Emmler) – Holger Leue, Haunetal: 5 (1. v. oben), 6/7, 7, 8 oben li., 9 oben re., 11 (2). 14 re., 15, 18, 21, 22, 23, 24, 25 (2), 26 (2), 27, 28 unten, 29, 30, 32, 33, 34, 35, 36, 37, 38, 39, 44, 45 unten, 46, 51, 52, 54 oben, 56 unten, 57 oben, 62, 65 oben, 67 (2), 71, 72, 78 (2), 86, 93, 95, 97, 98 oben, 99, 103, 104 unten, 106, 107, 112, 117, 119, 120, 121, 124 Mitte, 126, 128, 135 – LOOK, München: 10 unten, 49, 79, 100, 124 oben re. (Heeb), 41 oben, 54 Mitte, 57 unten, 58 oben, 122, 124 oben li. und unten li. (Karl Johaenntges) – Elisabeth Schnurrer, Augsburg: 31, 50 (2), 58 oben, 61 unten, 65 unten, 81 (2), 82, 91, 94, 101, 110, 113, 114 oben, 115 unten – Martin Thomas, Aachen: 8 oben re., 8/9, 9 oben li., 10 oben, 28 oben, 40, 41 unten, 45 oben, 47, 53 unten, 54 unten, 56 oben, 59, 61 oben, 63, 64 (2), 66, 68 (Mitte), 70, 73, 75 (2), 80, 83, 84 Mitte, 87, 89, 90, 92 oben, 104 oben, 108, 109, 111, 114 unten, 115 oben, 118, 124 unten re., 130 – Ullstein, Berlin: 13, 42, 53